이 책은 어떻게 읽어야 할까

이 책은 플라스틱에 대한 젊은 세대의 질문에 그래픽과 이야기로 답한다.

플라스틱은 형태가 너무 다양해서 모든 플라스틱을 포괄할 수 있는 상징을 찾기란 불가능하다. 그래서 색깔을 이용하기로 했다. 플라스틱을 나타낼 때에는 주황색을 사용하기로 했다. 플라스틱 수명 주기는 석유나 가스에서 시작되며 색상은 노랑색을 선택했다. 이산화탄소는 회색으로 표시했다.

청소년 자문위원회란 무엇일까? 젊은 세대가 시각 자료에 대해 어떻게 생각하며 무엇에 관심을 갖는지 알아보기 위해 그들에게 직접 물었다. 우리를 도와준 세계 젊은이들 이름은 이 책을 만드는 데 기여한 고마운 사람들 목록에 실었다. ↘ 누가 이 책을 만들었을까?

많은 용어들이 이해하기 쉽지 않다. 책 끝 부분에 용어 사전이 있다. 필요할 때 언제든지 찾아볼 수 있다. 이 용어들은 무슨 뜻일까?

이 책은 어디를 펼치든 쪽마다 의미 있는 내용을 담고 있어요

이것은 실제 사물을 단순하게 형상화해 의미를 전하는 그림 문자다. 다양성에 바탕을 두고 사람들을 나타내는 표시로 사용한다.

플라스틱 위기는 우리 모두에게 영향을 미치지만 모두가 같은 영향을 받지는 않는다. 이 책에서 특히 관심을 갖고 다루는 부분은 정의와 다양성 문제들이다.

본문에서 * 표시는 성별 다양성을 나타내는 것이다. 물론 남성이나 여성으로 자신을 규정하지 않는 사람들을 포함해 모든 사람들을 위해 다양성을 수용하는 언어를 사용하고자 했다.

우리는 플라스틱을 무시할 수 없습니다! 여는 글

쓰레기장에서는 소와 염소들이 플라스틱을 삼키고, 닷가, 나무, 들판 그리고 도로 위에는 플라스틱 레기들이 즐비합니다. 하인리히 뵐 재단이 민주적이고 나은 미래를 지향하며 여러 협력자들과 협력하고 는 세네갈, 인도 또는 멕시코 같은 나라들을 방문해 면 얼마나 많은 플라스틱 쓰레기가 지구 곳곳에 퍼져 는지 알 수 있습니다. 우리는 모두 그 쓰레기의 일부가 리 산업 사회로부터 나온 폐기물인 것을 알고 있습니다. 쓰레기들은 더 가난한 나라의 자연을 오염시키고, 더 난한 나라의 사람들을 아프게 합니다.

어렸을 때 플라스틱은 진보와 현대성의 징이었습니다. 화려한 도자기나 사기그릇은 플라스틱 조품으로 교체됐습니다. 플라스틱 그릇에 담긴 러드라니! 어린 마음에도 그것이 탐탁치 않았습니다. 강에 어떤 영향을 줄지 의심스러웠습니다. 이제는 런 의심이 옳았다는 것을 압니다. 지금까지 플라스틱 품들은 자연 분해가 어렵거나 불가능한 형태로 들어졌습니다. 플라스틱은 먹이 사슬을 따라 발견되며 지어 심해 가장 작은 갑각류에서도 발견됩니다. 이러한 상은 자연과 생태계를 신중하고 조심스럽게 보호하고 래를 내다보며 접근해야 한다는 관점에서 완전히 어난 결과입니다.

우리는 플라스틱에 대한 질문들을 수집하고 연구하고 전문가들을 만나 그 답을 찾았습니다. 이 책을 작업하기 위해 독일과 세계 젊은이들이 모여 청소년 자문위원회를 구성했습니다. 플라스틱 생산에 필요한 석유와 천연 가스가 나오는 유정, 곧 플라스틱 생애주기가 시작되는 곳부터 시작합니다. 우리는 유익하지만 불편한 진실을 마주하게 됩니다. 이 책은 어떤 종류의 플라스틱이 있는지, 플라스틱 쓰레기가 어떤 문제를 일으키는지, 쓰레기를 버리는 것이 인간, 기후, 자연 그리고 동물들에게 어떤 의미인지 설명합니다. 그리고 대안과 해결책 또한 모색하고자 합니다.

우리의 공통된 목표는 플라스틱의 범람을 멈추는 것입니다. 개인으로 세운 다음 단계 목표는 욕실의 모든 플라스틱을 없애는 것입니다. 그 방법을 무엇보다 알고 싶습니다.

2021년 3월, 베를린

Barbara Unmüßig

바바라 운뮈시히(Barbara Unmüßig)
하인리히 뵐 재단

어떤 질문을 어디에서 찾을 수 있을까

이 책은 어떻게 읽어야 할까?
우리는 플라스틱을 무시할 수 없습니다! 여는 글
어떤 질문을 어디에서 찾을 수 있을까? 내용

플라스틱 - 무엇에 대한 것일까?

1. 플라스틱으로 무엇을 만들까?
2. 플라스틱은 무엇으로 만들까?
3. 플라스틱은 우리에게 어떻게 올까?
4. 주변에 얼마나 많은 플라스틱이 있을까?
5. 옷에는 얼마나 많은 플라스틱이 들어 있을까?
6. 플라스틱은 바다 생물에게 어떠한 영향을 미칠까?
7. 플라스틱은 육상동물 생명도 위협할까?
8. 플라스틱을 적게 쓴 예전 우리 삶은 어땠을까?
9. 그동안 얼마나 많은 플라스틱이 생산됐을까?
10. 플라스틱은 무엇일까?
11. 플라스틱에는 어떤 종류가 있을까?
12. 중합체는 어떻게 다를까?
13. 첨가제는 무엇일까?
14. 플라스틱은 왜 위험할까?
15. 화장품 어디에 플라스틱이 들어 있을까?
16. 플라스틱은 우리를 병들게 할 수 있을까?
17. 내용물을 어떻게 알 수 있을까?
18. 플라스틱이 음료에 미치는 영향은 무엇일까?
19. 플라스틱은 위생에 어떤 영향을 끼칠까?
20. 플라스틱 없는 월경은 가능할까?
21. 플라스틱은 무엇을 위해 사용될까?

쓰레기 - 무엇이 문제일까?

22. 지구를 몇 바퀴 감을 수 있을까?
23. 페트병은 어떻게 만들어질까?
24. 세계는 얼마나 많은 플라스틱을 생산할까?
25. 발전과 플라스틱 폐기물은 어떻게 연결될까?
26. 플라스틱은 사람들에게 어떻게 영향을 미칠까?
27. 쓰레기더미 위에서 살 수 있을까?
28. 얼마나 많은 플라스틱이 쓰레기로 버려질까?
29. 소각하고 나면 무엇이 남을까?
30. 독일의 쓰레기는 어디로 갈까?
31. 누가 말레이시아로 쓰레기를 수출할까?
32. 제로 웨이스트 도시들은 어떻게 운영될까?
33. 페트(PET)는 어떻게 재활용될까?
34. 재활용을 가로막는 것은 무엇일까?
35. 플라스틱 재활용은 왜 해결책이 될 수 없을까?
36. 재사용을 왜 해야 할까?
37. 축제에서 플라스틱 사용을 얼마나 줄일 수 있을까?
38. 어떤 물건을 생산해야 할까?
39. 플라스틱은 누가 발명했을까?
40. 플라스틱은 언제 나타났을까?
41. 플라스틱은 얼마 동안 사용할까?
42. 바다에 얼마나 많은 플라스틱이 있을까?
43. 바다 쓰레기는 어디에 있을까?
44. 바다 쓰레기는 어디에서 오는 걸까?

실화들

우리와 무슨 상관이 있을까?

45 플라스틱은 바닷새를 어떻게 위협할까?
46 새들은 어떻게 뱃속에 플라스틱이 가득한 채 날게 됐을까?
47 바다에서 플라스틱을 없앨 수 있을까?
48 플라스틱은 어떻게 바다로 흘러들어 갈까?
49 미세플라스틱은 어디에서 오는 걸까?
50 흙 속 플라스틱은 어디에서 오는 걸까?
51 플라스틱은 어떻게 흙에 들어간 걸까?
52 우리는 얼마나 많은 플라스틱을 먹고 있을까?
53 '생분해성' 플라스틱은 있는 걸까?
54 '바이오'를 원료로 한 플라스틱이란 무엇일까?
55 라벨은 어떻게 거짓말을 하고 있을까?
56 플라스틱 쓰레기에 대한 책임은 누구에게 있을까?
57 브랜드 조사는 어떻게 해야 할까?
58 플라스틱으로 누가 이익을 얻을까?
59 프래킹이란 무엇일까?
60 플라스틱이 기후에 미치는 영향은 무엇일까?

정말 해결책이 있을까?

61 플라스틱 위기를 어떻게 멈출 수 있을까?
62 나라마다 정부들은 무엇을 하고 있을까?
63 플라스틱 협약이 왜 필요할까?
64 우리는 어떻게 정치적으로 활발히 활동할 수 있을까?
65 제로 웨이스트 제품은 어떻게, 어디에서 살 수 있을까?
66 바꿔야 할 부분은 무엇일까?
67 재사용 체계는 어떻게 작동하는 걸까?
68 플라스틱 공장과 함께 살아가는 삶이란 어떤 것일까?
69 플라스틱 오염과 누가 싸우고 있을까?
70 플라스틱 없는 학교를 만들 수 있을까?

이 용어들의 뜻은 무엇일까? 용어 사전
우리는 어디에서 이 사실들을 가져왔을까? 출처
누가 이 책을 만들었을까? 발행 정보

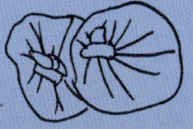

1 플라스틱으로 무엇을 만들까?

뭐가 빠졌을까?

몇 가지 예시들

플라스틱은 무엇으로 만들까?

3   플라스틱은 우리에게 어떻게 올까

유전에서 슈퍼마켓까지

↘**2** 플라스틱은 무엇으로 만들까? ↘**23** 페트병은 어떻게 만들어질까?

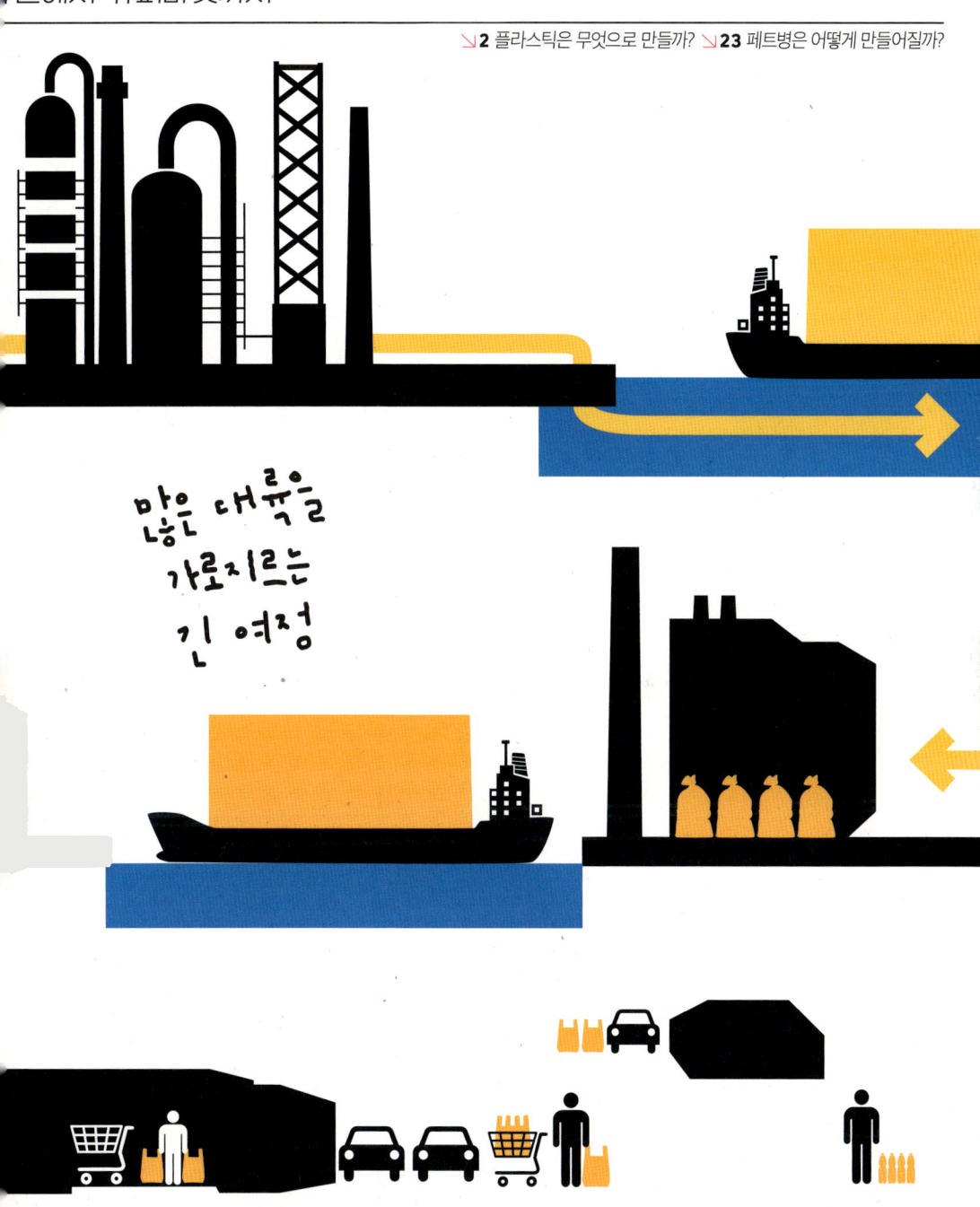

많은 대륙을 가로지르는 긴 여정

4　　주변에 얼마나 많은 플라스틱이 있을까

당신은 날마다 무엇을 입고 쓰고 있나요?

날마다, 어디에나, 곳곳에

↘ **14** 플라스틱은 왜 위험할까?

5 옷에는 얼마나 많은 플라스틱이 들어 있을까?

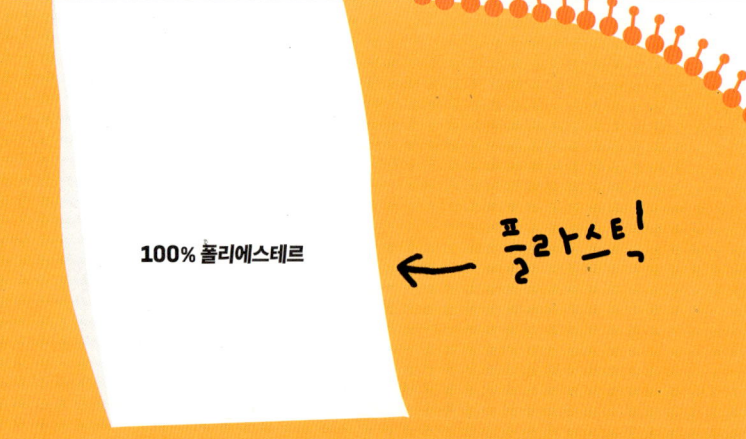

100% 폴리에스테르 ← 플라스틱

60% 우리가 입는 옷의 60퍼센트를 폴리에스테르로 만든다

폴리에스테르로 매우 가늘고 튼튼한 실을 생산할 수 있다

↘**3** 플라스틱은 우리에게 어떻게 올까? ↘**60** 플라스틱이 기후에 미치는 영향은 무엇일까?

얼마나 자주
새 옷을 사나요?

15%

세계 플라스틱
생산의 15퍼센트는
섬유를 만드는데
쓰인다

산업용 섬유를 포함한다

6 플라스틱은 바다 생물에게 어떠한 영향을 미칠까?

플라스틱은 거의 모든 바다 생물들에게 해로워요

7 플라스틱은 육상동물 생명도 위협할까

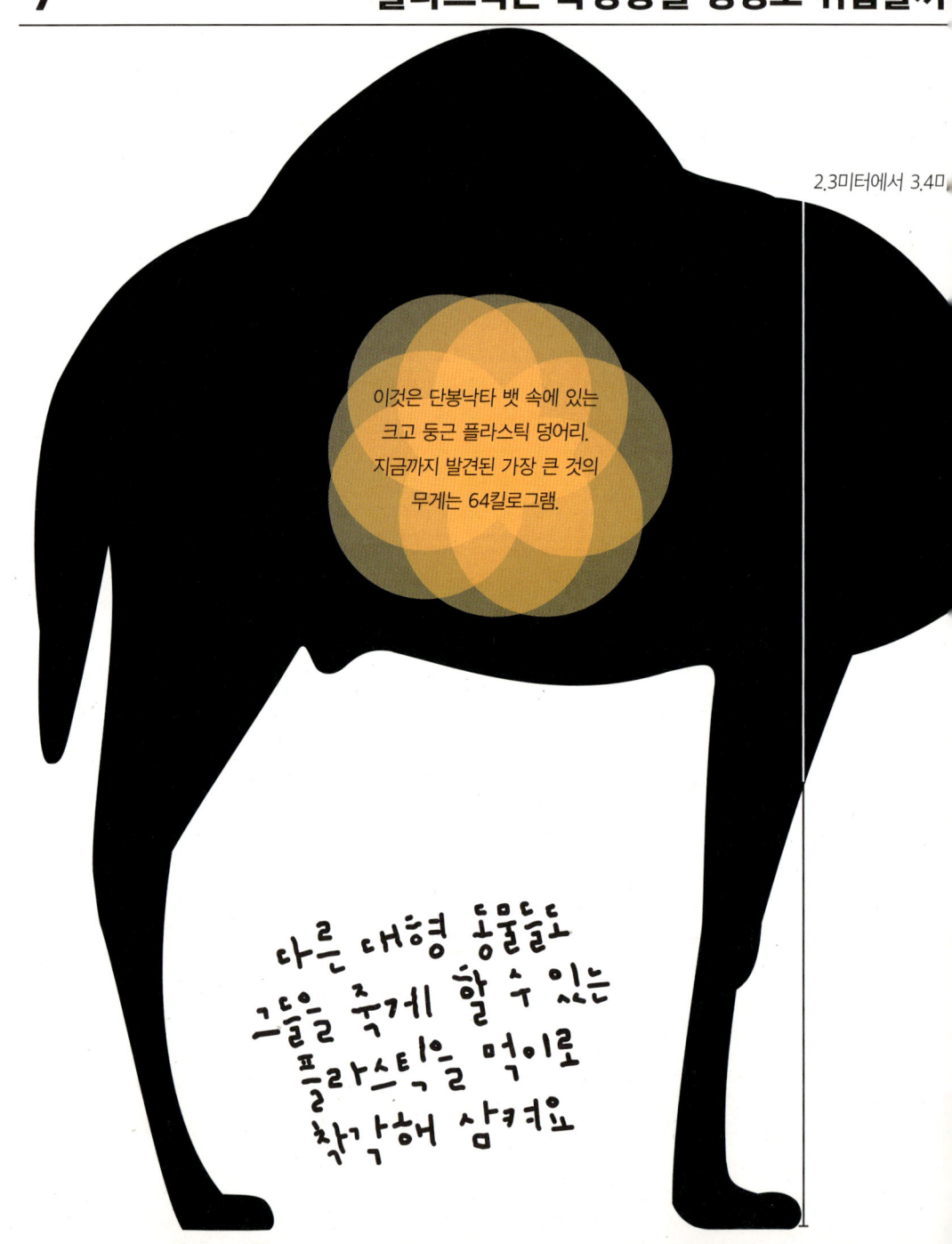

2.3미터에서 3.4미

이것은 단봉낙타 뱃 속에 있는 크고 둥근 플라스틱 덩어리. 지금까지 발견된 가장 큰 것의 무게는 64킬로그램.

다른 대형 동물들도 그들을 죽게 할 수 있는 플라스틱을 먹이로 착각해 삼켜요

플라스틱으로 가득 찬 뱃속, 단봉낙타들은 사막에서 굶주린다

↘ **6** 플라스틱은 바다 생물에게 어떠한 영향을 미칠까? ↘ **28** 얼마나 많은 플라스틱이 쓰레기로 버려질까?

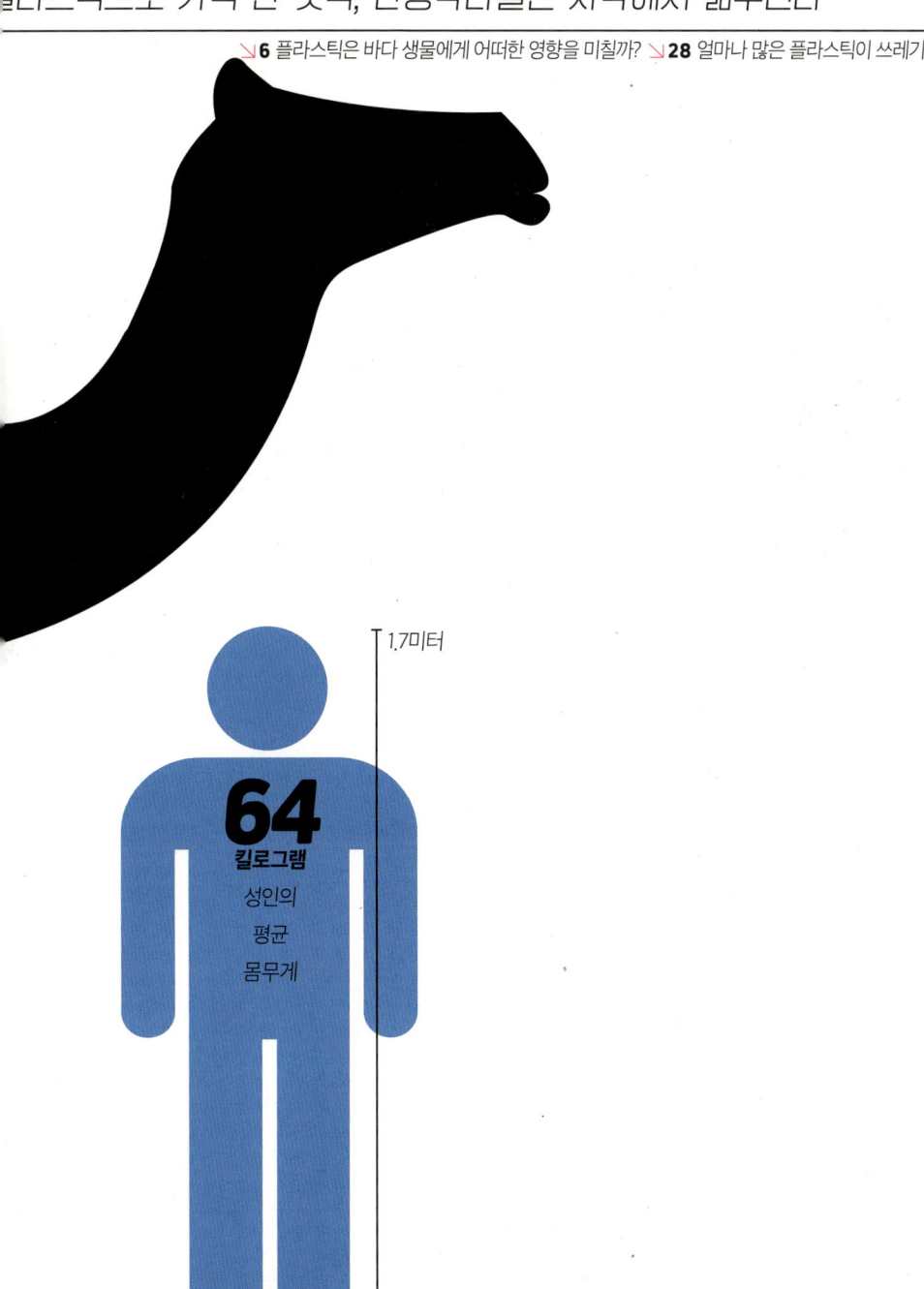

1.7미터

64 킬로그램

성인의 평균 몸무게

플라스틱을 적게 쓴 예전 우리 삶은 어땠을까

내 이름은 아네트(Anette), 1960년 동독에서 태어났다. 어렸을 때, 플라스틱은 여전히 새롭고 매우 현대적인 것이었다. 동독은 부유한 나라가 아니었기 때문에 다른 모든 것과 마찬가지로 플라스틱을 사용할 기회는 거의 없었다. 무언가 고장 나면 수리해서 사용했고 마을에는 면도기, 진공청소기, 텔레비전 같이 고장 난 가전제품을 비롯해 심지어 스타킹마저 고치는 가게가 있었다. 비용이 많이 들지 않아 항상 수리할 가치가 있었다.

포장은 보통 판지, 종이 또는 유리를 썼다. 쇼핑할 때면, 직물이나 끈 가방을 사용했다. 고기, 생선, 치즈, 심지어 독일식 양배추 절임, 사우어크라우트(잘게 썬 양배추를 발효 시켜 만든 독일 요리*편집자 주)도 신선한 상태로 구입해 종이에 포장했다. 과일과 채소는 갈색 종이봉지에 담았다.

한번은 학교 반 친구가 스웨덴에 다녀온 뒤 스웨덴에서는 쓰레기들을 쓰레기 수거함에 버리기 전 비닐봉지에 담는다고 이야기했다. 믿기 어려웠다. 잘 포장된 쓰레기라니?! 우리 집에서는 쓰레기를 쓰레기통에 바로 버렸다. 쓰레기통을 비운 뒤에는 헹구고 그 안에 신문지를 깔았다. 유기물 쓰레기는 정원 퇴비 더미에 모았다. 마을에는 사람들이 돼지 먹이를 모으곤 했던 특별한 드럼통들이 있었다. 금속, 유리, 폐지는 고철상에게 가져다 주었는데 주로 아이들이 하는 일이었다. 고철상은 손수레와 자전거를 밀며 때맞춰 집집마다 방문해 빈 병, 유리잔, 오래된 신문과 잡지를 받았다. 아이들은 용돈을 벌기 위해 모은 것들을 고물상으로 가져갔다.

플라스틱 포장은 쓰임새 있고 꽤 귀했기 때문에 그냥 버리지 않고 항상 재사용하거나 다른 용도로 썼다. 1리터짜리 플라스틱 우유통을 헹군 뒤 학교 점심 도시락통으로 쓰기도 했다. 부모님은 빈 마가린 통을 화분으로 사용했다.

외출할 때는 집에서 음식을 가져가거나 작은 종이 접시에 담긴 소시지를 사곤 했다. 행사에서는 병이나 되돌려 줄 수 있는 유리잔에 음료를 따라 마셨다. '테이크아웃'이라는 개념이 없을 때라 커피를 마시고 싶은 어른들은 카페에 가야 했다. 청년이 되어 베를린의 프랑스 문화원에서 열린 한 행사에 초대 받았을 때 그곳에서는 투명한 플라스틱 병에 담긴 물을 투명한 플라스틱 컵에 담아 줬다. 사람들이 그 병과 컵들을 그냥 쓰레기통에 버리는 것을 봤을 때 너무 놀라 입이 벌어졌다. 나는 예쁜 플라스틱 병 하나와 많은 컵들을 가방에 몰래 챙겨 집으로 가져왔다. 가족들은 놀라워하며 그 플라스틱 병과 컵들을 오랫동안 사용했다.

부모님은 지금도 여전히 거의 모든 플라스틱 용기를 헹구고 냉동실에 음식을 보관하는 용도로 사용한다. 또한 모든 비닐봉지를 재사용한다. 나는 그런 행동을 조금 창피하다고 생각하곤 했지만 이제 거의 90세인 부모님은 그들의 행동이 사실은 시대에 꼭 들어맞음을 증명한 것이다. 나는 스스로 부모님처럼 되려고 노력 하지만 현실은 필요 이상으로 플라스틱 용기를 많이 가지고 있다.

1970년대 유년 시절

↘**40** 플라스틱은 언제 나타났을까? ↘**65** 제로 웨이스트 제품은 어떻게, 어디에서 살 수 있을까?

내 이름은 코포(Kofo), 1959년 런던에서 태어났다. 살 때 우리 가족은 부모님의 고향 나이지리아로 돌아왔다. 그때 영국에는 플라스틱이 그리 많지 않았고, 아프리카 나라들에서는 훨씬 더 적었다. 1970년대 몇몇 슈퍼마켓들이 있었지만, 나이지리아 사람들 대부분은 시장에서 음식을 사서 바구니에 담아 집으로 가져왔다. 시장에서는 쌀, 카사바, 곡물 같은 식료품을 천연 섬유인 야마로 만든 봉지에 담았고, 판매 식품은 신문지나 큰 잎으로 포장하는 경우가 많았다. 비슷한 잎으로 그 안에 음식을 담아 조리하기도 했다. 식물 섬유로 만들어진 자루나 바구니는 자연에서 빨리 분해되기 때문에 낡으면 쉽게 버릴 수 있었다. 옛날에는 속이 빈 병호박이나 조롱박(calabash)처럼 자연에서 구할 수 있는 용기에 물을 담아 운반했다. 박이 자라는 조롱박나무는 오늘날 그리 흔하지 않다. 정원에 한 그루를 심어 두었는데, 손님이 와서 발견하곤 놀라고 반가워한다. 손님들에게 박을 가져가서 물통으로 쓰라고 하지만 박을 파내는 일은 손이 많이 간다.

일부 가정용품들은 여전히 야자수 잎 섬유로 만든 빗자루와 같이 천연 재료로 만들어진다. 예전에는 면으로 직조된 옷이나 나무껍질로 만들어진 옷이 있었고 장난감들은 보통 나무로 만들거나 때로는 재활용 캔으로도 만들었다. 사람들은 물건을 만들고 음식을 요리하는 데에 더 많은 시간을 쏟았다.

어렸을 때 코카콜라는 항상 유리병에 들어 있었다. 집에 빈 병들을 모아 뒀다가 재활용품을 수집하는 사람들에게 나눠 주고 또 낡은 신문지 묶음을 주기도 했다. 그 신문들은 시장에서 생선, 고기 또는 다른 식품들을 포장할 때 재사용했다. 이렇게 재활용품들을 모아 몇 푼의 용돈을 버는 일은 아이들에게 즐거움이었다.

1980년대 뒤로 나이지리아의 삶은 빠르게 변했다. 많은 젊은이들이 돈을 벌고 현대식 삶을 살고자 도시로 향했다. 그들은 패스트푸드를 먹고 플라스틱 병이나 작고 네모난 플라스틱 팩에 든 물을 산다.

한때 음식과 그릇을 만드는 식물이 자라던 시골에는 이제 새로운 집들이 들어서거나 돈을 벌기 위해 해외 수출용 농산품을 생산한다. 그 결과, 전통 작물 재배가 줄어들고 있다. 바구니와 빗자루와 같은 천연 원료로 만들어진 물건들은 점점 더 비싸지거나 희귀해지고, 혹은 완전히 잊히고 있다. 우리는 서양 생활 방식을 모방해 왔다. 하지만 플라스틱을 적게 사용하면서도 생활할 수 있다는 것을 알게 된 지금이 우리 전통을 다시 기억해야 할 때이다.

그동안 얼마나 많은 플라스틱이 생산됐을까?

지금까지 생산한 플라스틱 무게는 모두

101억 톤

이 가운데 일부만을 재활용하고 나머지는 태웠다.

절반 넘는 양이 최근
20년 동안 생산됐어요

플라스틱 1950년에서 2019년까지. 오늘날 모든 동물과 인간의 무게

↘ **28** 얼마나 많은 플라스틱이 쓰레기로 버려질까?

지금 모든 동물과 인간의 무게는

40억 톤

화학물질 구성 요소들

↘ **12** 중합체는 어떻게 다를까? ↘ **13** 첨가제는 무엇일까?

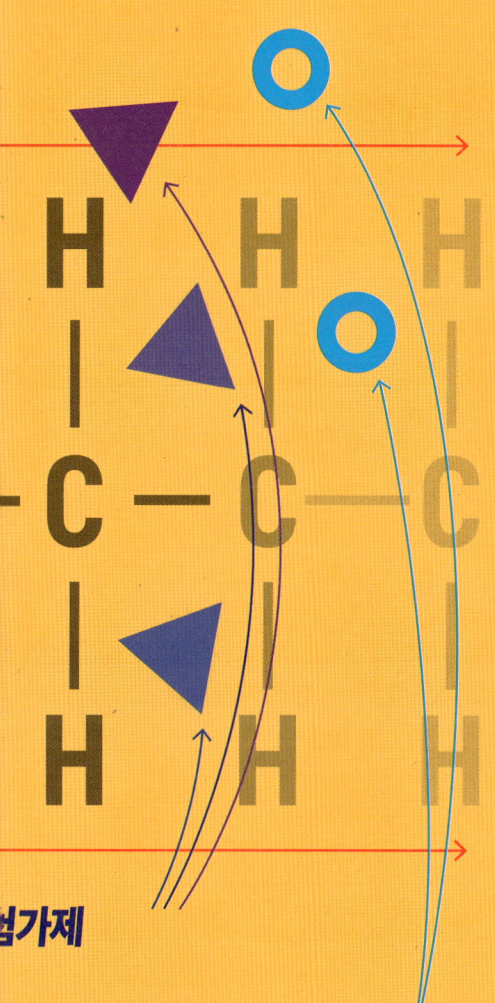

우리가 쓰는 영어 단어 'plastic(플라스틱)'은 그리스어 단어 'plastikos(플라스티코스)'에서 왔다.

이는 '모양을 만들거나 성형할 수 있는'이라는 뜻이다. 플라스틱은 긴 사슬을 이루는 두 가지 화학 원소들로 이뤄져 있다. 그 가운데 하나는 모든 생명체의 기초 물질인 **탄소**인데, 석유와 천연가스에서도 나온다. 또한 탄소는 기후에 해로운 물질인 이산화탄소 구성 요소로도 알려져 있다. 탄소는 석탄, 흑연을 비롯해 다이아몬드에서도 발견된다. 이러한 탄소는 플라스틱을 만드는 과정에서 우주에서 가장 흔한 원소인 **수소**와 결합한다.

탄소와 수소는 **단량체**(monomer)인 에틸렌을 형성한다. 그리스어로 'mono(모노)'는 '하나'를 뜻하고 'méros(메로스)'는 '부분'을 뜻하기 때문에 합치면 '한 부분'이라는 뜻이 된다. 엄청난 양의 에너지로 탄소 이중결합이 해체되고 연쇄 작용으로 최대 만 번까지 결합돼 매우 긴 분자 사슬인 **중합체**(polymer, 폴리머)를 이룬다. 이 과정을 **중합**(polymerization)이라고 하며 여기서 'poly(폴리)'는 '다중'을 뜻한다.

플라스틱은 중합체와 **첨가제**라 부르는 다른 물질들로 구성돼 있다. 첨가제는 플라스틱에 포함돼 다시 쉽게 용해되는 성질을 갖는다. 일부는 재료의 내구성을 높이려고 일부러 중합체에 첨가한다. 의도치 않게 모든 플라스틱은 원재료에 포함돼 있거나 중합 과정에서 들어가는 다른 많은 화학 물질들도 포함한다. 이 물질들은 **비의도적 첨가 물질**, 줄인 말은 'NIAS'(Non-intentionally added substances)이다.

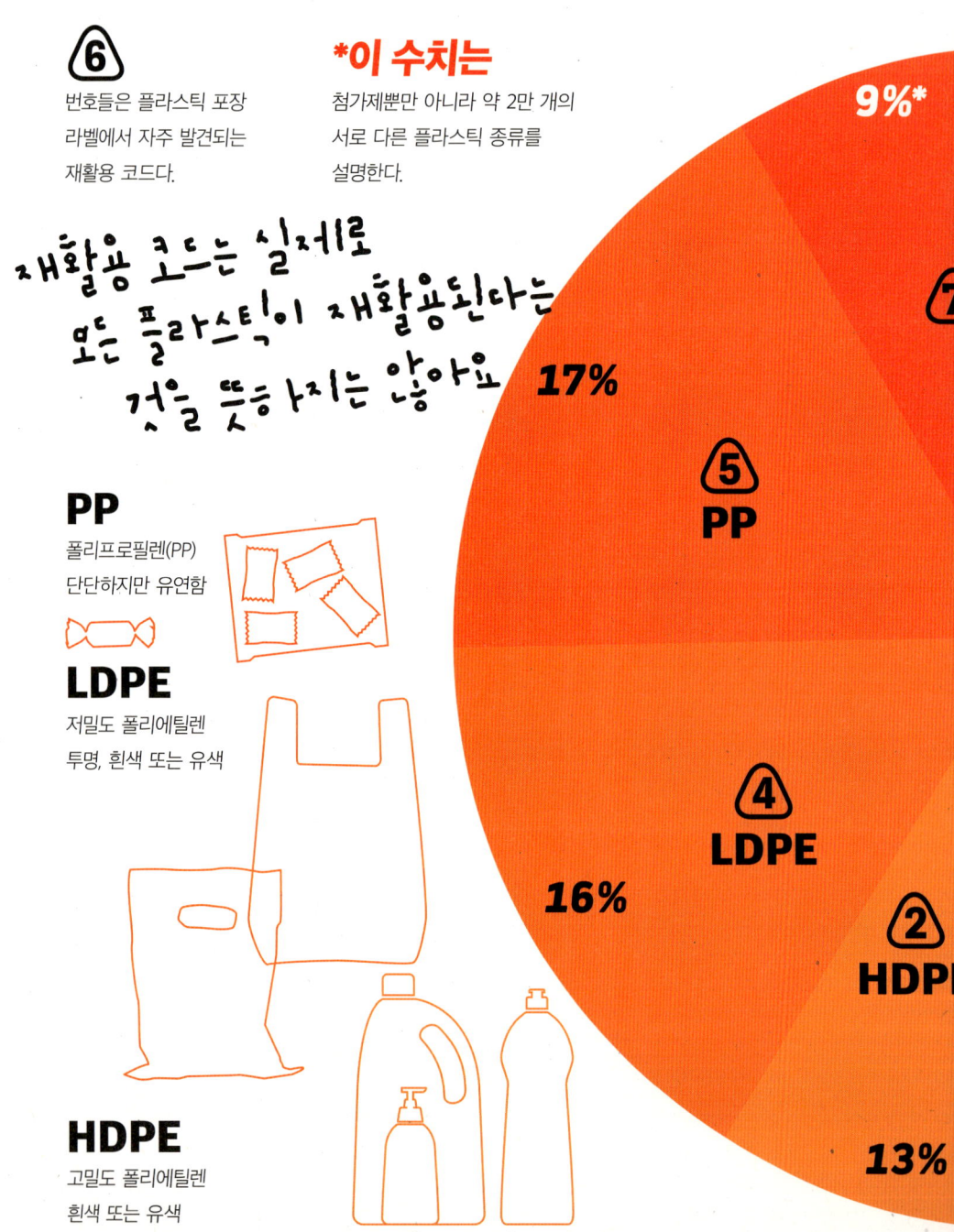

2019년 세계 생산 분포

↘ **33** 페트(PET)는 어떻게 재활용될까? ↘ **34** 재활용을 가로막는 것은 무엇일까?

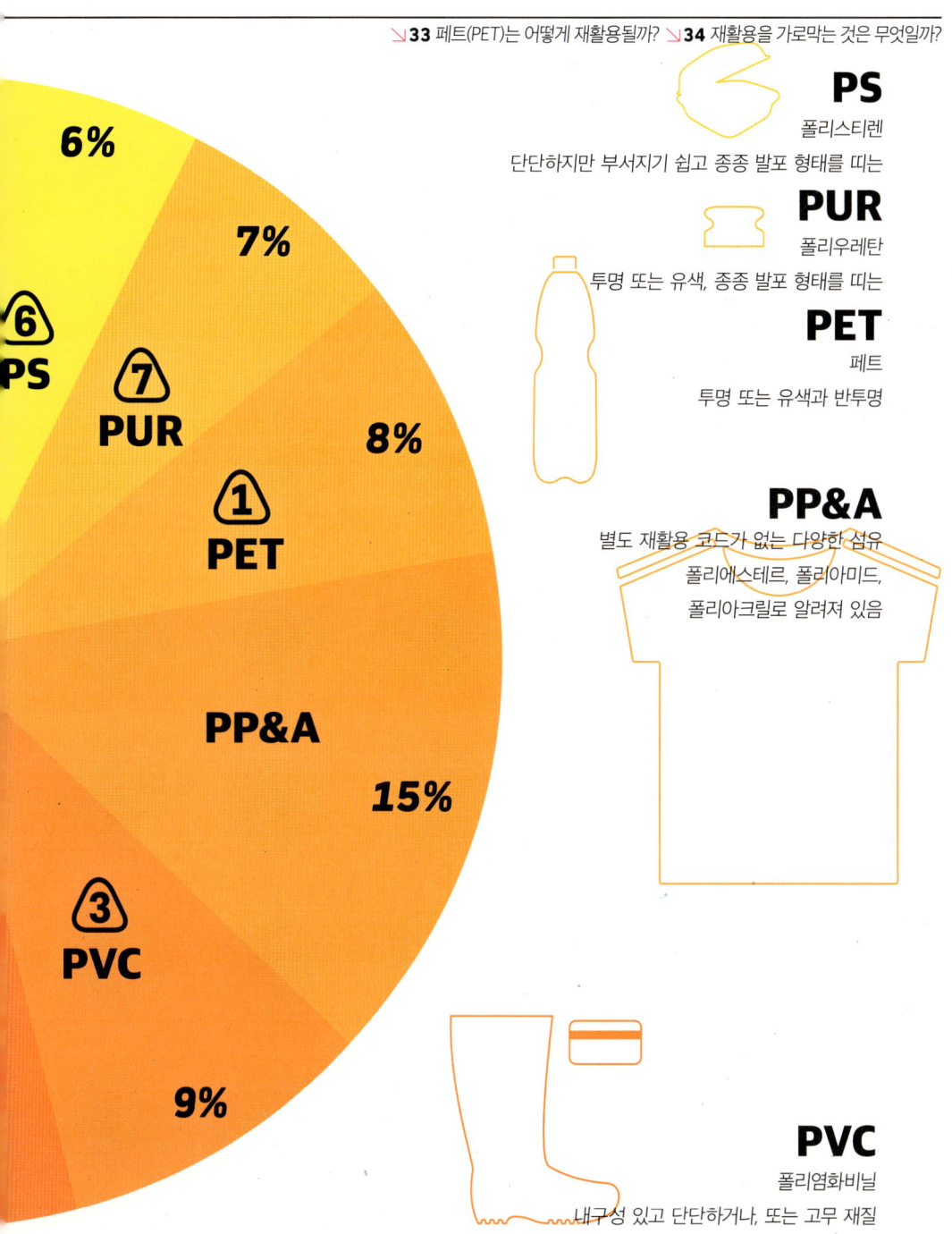

PS
폴리스티렌
단단하지만 부서지기 쉽고 종종 발포 형태를 띠는

PUR
폴리우레탄
투명 또는 유색, 종종 발포 형태를 띠는

PET
페트
투명 또는 유색과 반투명

PP&A
별도 재활용 코드가 없는 다양한 섬유
폴리에스테르, 폴리아미드, 폴리아크릴로 알려져 있음

PVC
폴리염화비닐
내구성 있고 단단하거나, 또는 고무 재질

중합체는 어떻게 다를까

이것은 분자(molecule)다. 분자는 원자로 이뤄져 있다. 다른 원자들은 매우 다른 방식으로 연결될 수 있으며, 이는 서로 다른 유형의 분자를 만든다.

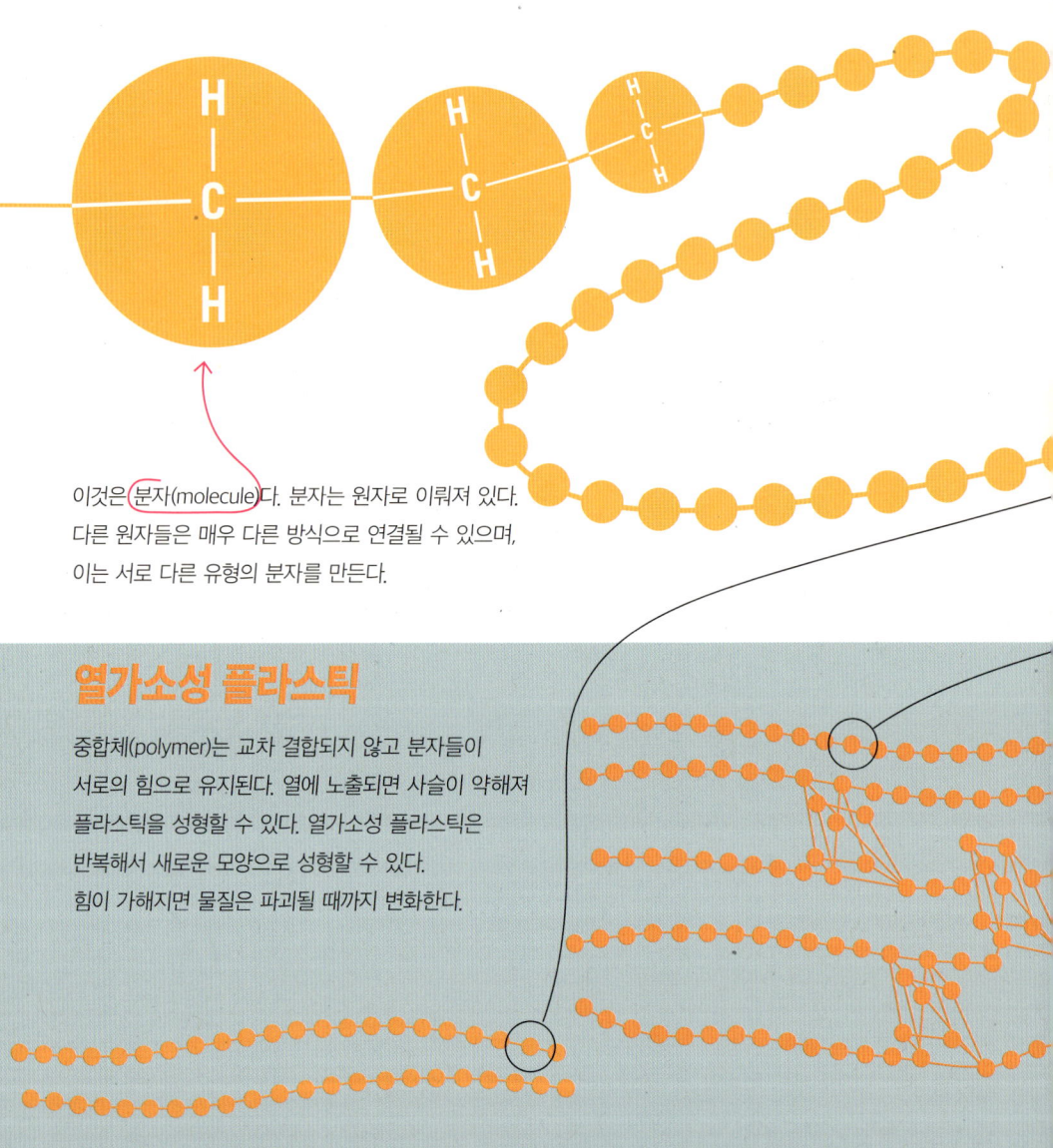

열가소성 플라스틱

중합체(polymer)는 교차 결합되지 않고 분자들이 서로의 힘으로 유지된다. 열에 노출되면 사슬이 약해져 플라스틱을 성형할 수 있다. 열가소성 플라스틱은 반복해서 새로운 모양으로 성형할 수 있다. 힘이 가해지면 물질은 파괴될 때까지 변화한다.

폴리에틸렌은 에틸렌 단량체(monomer)로 구성돼 있으며, 열가소성 플라스틱이다. 때로는 분자들이 결정성 열가소성 수지로 알려진 더 안정된 구조를 이루기 위해 여러 번 교차 연결되기도 한다.

폴리스티렌은 종종 **스티로폼**으로도 알려져 있다. 스티로폼의 특징은 탄소 원자가 반지 모양으로 연결된 벤젠 고리다. 생산 과정에서 흰색 구슬 모양으로 발포돼 경량 플라스틱이 된다. 포장재로 많이 쓰는 이유다.

분자 구조가 그 특성을 결정한다

↘ **10** 플라스틱은 무엇일까?

플라스틱을 이루는 결합된 분자들은 긴 사슬, 중합체(polymer)를 이룬다. 중합체는 최대 만 개의 분자로 구성될 수 있으며, 어떻게 결합되는지에 따라 세 가지 플라스틱 그룹 가운데 하나로 분류된다.

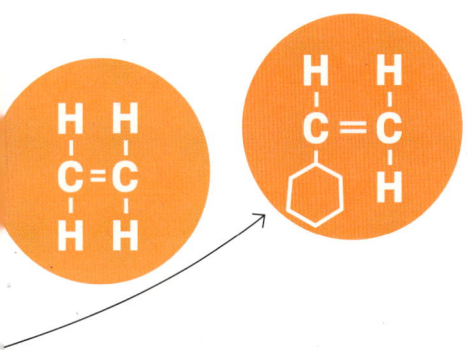

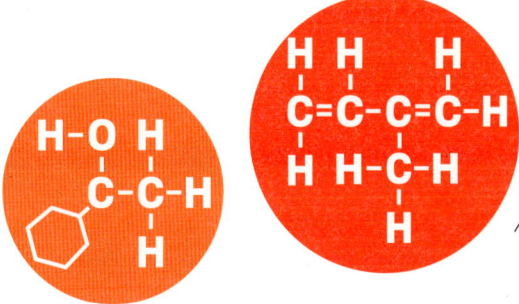

탄소는 식물, 인간, 산업에 필수 물질

열경화성 플라스틱

분자들이 3차원으로 배열돼 있고, 촘촘한 그물망으로 연결돼 있으며 여러번 교차 연결돼 함께 단단히 결합돼 있다. 열을 가해 녹이거나 다시 성형할 수 없다. 힘을 가하더라도 약간 변형될 뿐이다.

탄성중합체

힘을 가해 형태를 만들거나 늘릴 수 있지만 힘이 제거되면 원래 형태로 돌아갈 수 있는 넓은 그물 모양의 가교 분자. 고무줄과 자전거 타이어에 이용한다.

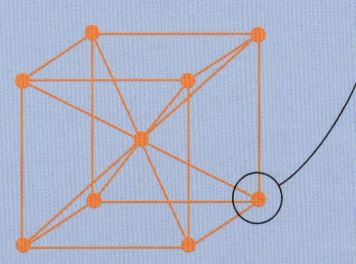

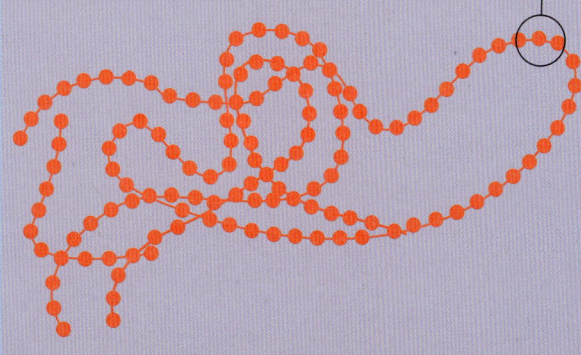

베이클라이트는 완전히 합성된 최초 플라스틱. 어두운 색을 띠고 단단하다. 단열재로 오늘날에도 사용한다.

이소프렌(isoprene)은 자동차 타이어의 합성 고무와 같이 다양한 다른 물체들에서 찾아 볼 수 있다.

알려진 성분과 알려지지 않은 성분

↘ **10** 플라스틱은 무엇일까? ↘ **14** 플라스틱은 왜 위험할까?

매우 가볍고, 화려하고, 내구성이 좋은 플라스틱은 ～류해 보일 수 있다. 긴 중합체(polymer) 사슬이 이 ～성을 만든다. 플라스틱을 만들려면 에틸렌과 같은 ～질을 사용한다. 플라스틱 제품은 최대 80퍼센트에서 ～0퍼센트 정도 순도를 가지며 그 안에는 이미 불순물과 ～람직하지 않은 부산물, 이른바 **비의도적 첨가 ～질**(NIAS) 같은 알 수 없는 화학물질이 포함돼 있다. ～ 다음, 원하는 재료의 특성을 얻기 위해 더 많은 ～학물질을 첨가한다. **첨가제**는 플라스틱에 ～정 목적을 위해 첨가하며, 쉽게 섞이고 다시 쉽게 ～해되는 광범위한 물질들을 일컫는다.

질감을 형성한다. 밝은 플라스틱 소재에 **색소나 염료**를 첨가해 다양한 색을 지닌 병, 벽돌, 조각을 만들 수 있다. 색상은 밝은 색부터 어두운 색, 검은색까지 다양하다. 일부 색소는 유해하지만, 무해한 색소도 있다.

플라스틱에는 서로 다른 화학물질들이 4,000 종류 넘게 들어 있어요

예를 들어, 햇빛에 노출되면 물질은 부서지기 쉽고 ～안정해진다. 이를 방지하기 위해 **자외선 차단제**를 ～가한다. 활성 산소는 새로운 물질을 형성하기 위해 ～외선 차단 물질과 결합하고 자외선에서 에너지를 ～아낸다. 이는 기름 얼룩에 쏟은 고양이용 모래와 ～슷하게 작용한다. 기름을 완벽하게 흡수해 부드러운

'유독성(toxic)'이라는 말은 독성이 있다는 뜻이다. 소량일지라도 오랜 기간 섭취하면 암 또는 면역체계 이상과 같은 심각한 질병을 일으키고 결국 생명을 위협할 수 있다. **첨가제** 운반 트럭에는 **환경과 건강에 유해하며, 발암성 물질로 목숨을 해칠 수 있다**는 경고 문구가 새겨져 있다. 플라스틱에 첨가되는 물질들은 한계치가 정해져 있으며 이를 초과할 수 없다. 많은 첨가제들이 해로운 영향을 미친다는 다양한 연구 결과에 따라, 최근 몇 년 동안 그 기준치를 더욱 낮춰야 한다는 사실이 분명해졌다. **첨가제**들이 플라스틱 쓰레기를 통해 환경에 쌓이고 오염원이 되는 과정에 대한 많은 연구가 진행되고 있다. 첨가제 가운데 일부는 지속성이 있어 매우 오랜 시간 동안 환경에 남아있을 수 있다.

알려진 화학성분과 알려지지 않은 화학성분으로 가득 차 있다.

↘ **10** 플라스틱은 무엇일까?　↘ **13** 첨가제는 무엇일까?　↘ **17** 내용물을 어떻게 알 수 있을까?

분해

동
은 플라스틱 입자들은 액체 속에서 녹는다.
람들이 병이나 다른 플라스틱 용기에 담긴 음료를
실 때, 원하지 않는 소량의 화학물질 입자가
 속으로 들어간다.

끌어당기는 힘
플라스틱 입자들은 바다에서 유해한 화학물질들을
자석처럼 끌어당긴다.

비의도적 첨가 물질
도치 않게 플라스틱 안에 포함된 화학 물질들을 뜻한다.
부분은 알려지지 않았으며 인간과 환경에 예측할 수 없는
영향을 미칠 수 있다. 특히 독성이 있고 지속성이 있는
경우 매우 위험하며, 환경에 오랫동안 남아 있을 수 있다.

15 화장품 어디에 플라스틱이 들어 있을까

리뷰
몇몇 나라에서는 화장품에 사용한 모든 성분 이름
전부 공개해야 한다

캔이나 뚜껑이 아니라 그 속에 든 내용물을 말하는 거예요

00개 넘는 성분이 실제 플라스틱이다

↘ **17** 내용물을 어떻게 알 수 있을까? ↘ **49** 미세플라스틱은 어디에서 오는 걸까?

고화방지제 파우더가 덩어리지는 것을 방지한다
글리터 빛나고 반짝이며, 미세플라스틱이 빛을 반사한다
필링 문지르고 지우기 위한 입자들

**폴리바이닐
피롤리돈 스티렌 비닐
아세테이트 아크릴레이트 혼성중합체 교차중합체
나일론 부틸렌 카르보머 디메티콘 메타크릴레이트
에틸렌 메틸 메타크릴레이트 혼성중합체
폴리아크릴아미드 폴리아크릴레이트 폴리프로필렌
폴리우레탄 폴리비닐 프로필렌 폴리프로필렌
테트라플루오로에틸렌 비닐 아세테이트**

호르몬교란물질 같은 성분은 질병을 일으킬 수 있다

↘ **13** 첨가제는 무엇일까? ↘ **14** 플라스틱은 왜 위험할까?
↘ **63** 플라스틱 협약이 왜 필요할까?

갑상선 질환

유방암
전립선암

태아 발육 이상

정자 수 감소

태아 저체중 출산

불임

내용물을 어떻게 알 수 있을까

BPA로 알려진 비스페놀A

비스페놀A는 세계에서 가장 많이 판매되는 화학물질 가운데 하나다. 비스페놀A는 플라스틱 제품에 식품을 담을 때 묻어날 수 있다. 아주 작은 양으로도 몸의 호르몬 균형을 방해할 수 있는 해로운 물질이다. 일부 국가에서는 몇몇 제품에 사용을 금지하고 있다.

비스페놀A가 들어가지 않았다고 광고하는 제품들이 있지만, 이 제품 라벨에는 비스페놀A 대신 사용한 다른 화학물질이 무엇인지, 또는 그것들이 실제로 비스페놀A 만큼 유해한지에 대한 정보를 찾아볼 수 없다.

비스페놀:
비스페놀 AF, AP, B, BP, C, E, F, FL, G, M, P, PH, S, TMC, Z

해로운 화학물질을 금지하고 그것을 다른 물질로 교체하는 것은 해결책이 될 수 없다. 화학물질 군 가운데 일부뿐만 아니라 그 전체를 금지하거나 제한해야 한다.

플라스틱은 4,000개 넘는 수많은 화학물질들을 함유하고 있으며 그 가운데는 제조업자조차 알 수 없는 화학성분들도 많다. 다른 물질들은 기밀사항으로 처리되는 제조법에 따라 첨가된다. 연구소 실험에서 위험하다는 근거가 발견되면 해당 화학물질들을 검사한다. 이러한 화학물질 사용을 제한하거나 금지하도록 뒷받침이 될 연구가 필요하다. 다른 국가들은 종종 서로 다른 결론에 이르기도 하지만 때때로 상호 협력하기도 한다.

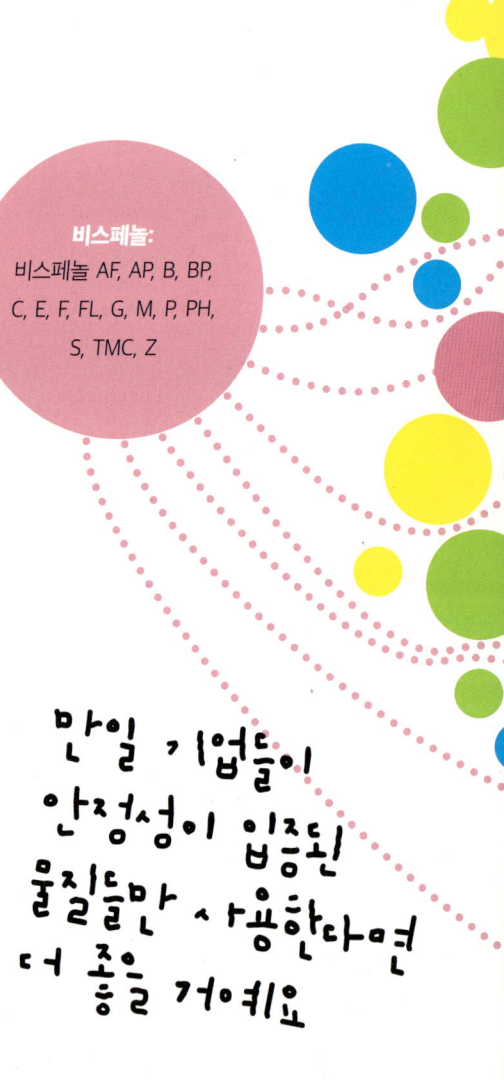

만일 기업들이 안정성이 입증된 물질들만 사용한다면 더 좋을 거예요

비스페놀A 예: 투명성과 규제

↘ **13** 첨가제는 무엇일까? ↘ **16** 플라스틱은 우리를 병들게 할 수 있을까? ↘ **19** 플라스틱은 위생에 어떤 영향을 끼칠까?

플라스틱이 음료에 미치는 영향은 무엇일까

온도가 높을수록 화학성분은 음료를 더 빨리 오염시켜요

학성분들이 항상 들어 있다

↘ **13** 첨가제는 무엇일까? ↘ **14** 플라스틱은 왜 위험할까?

미세플라스틱은
페트병 생수 93퍼센트와
수돗물 83퍼센트에서
발견됐어요

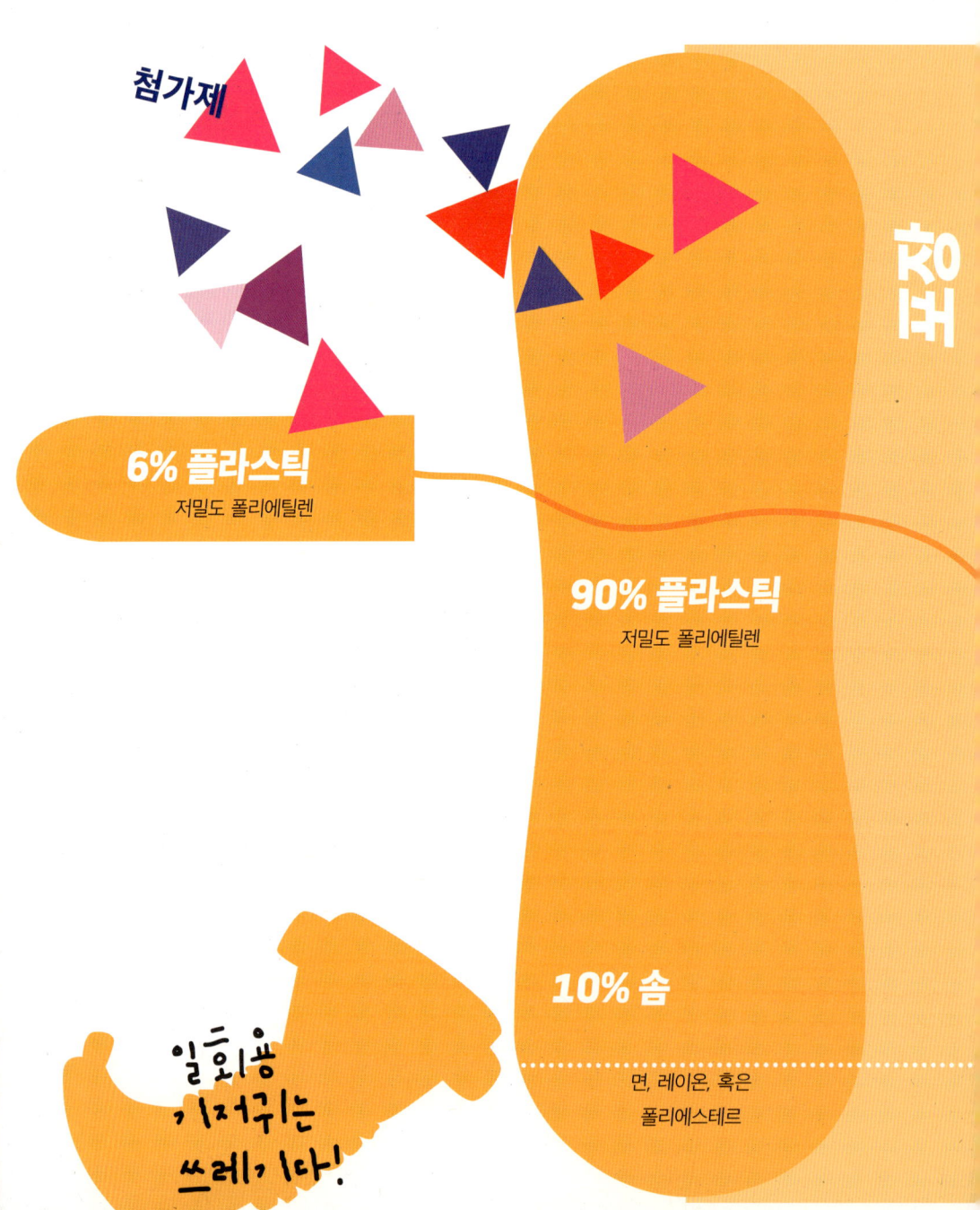

월경대와 탐폰 자세히 살펴보기

↘ **13** 첨가제는 무엇일까?　↘ **20** 플라스틱 없는 월경은 가능할까?

**체온이 오염물질 배출을
더욱 빠르게 한다**

월경컵이나 면월경대
같은 대안들을 알고 있나요?

점막과 접촉

일회용 월경대와 탐폰에는 수백 가지 유해 화학물질이 들어갈 수 있다. 이 화학물질은 몸의 호르몬과 생식 기능을 방해하고 피부 자극, 알레르기, 암을 일으키는 농약을 비롯해 그밖에 또다른 유해물질들이다.
여성의 몸은 지방을 스스로 분해하는데, 유해물질은 특히 체지방에 쌓인다. 생각이 유연하고 기꺼이 사회적 책임을 다하려는 여성들은 이 사실을 알아야 한다.
재사용이 가능한 제품으로 바꾸면 일회용품에 지출하는 비용 가운데 최대 94퍼센트를 절약할 수 있고, 쓰레기를 줄이는 데에도 큰 도움이 된다는 점 역시 알아 둘 필요가 있다.

**관행 농업에서
사용한 농약**

플라스틱 없는 월경은 가능할까

일회용 월경대와 탐폰이 무엇으로 만들어졌는지 생각해 본 적이 있을까? 대부분 사람들처럼, 인도 생태학자 슈라다 슈레자야(Shradha Shreejaya)도 오랫동안 이 월경용품들이 단순히 면으로 만들어졌다고 믿었다. 하지만 그녀가 24살 때 환경보호 캠페인에 참여하면서 보통 탐폰과 월경대에 얼마나 많은 플라스틱과 유해 성분이 있는지 알게 됐다. 왜 계속 피부에 붉은 발진이 생기는지 이해하게 됐다. 지금까지는 항상 발진의 이유가 피부 유형 때문이거나 어쩌면 위생 문제일 거라고 생각해 왔다.

하지만 월경컵으로 바꾼 뒤 그녀의 삶이 몰라보게 바뀌었다. 발진이 갑자기 사라졌을 뿐만 아니라, 그 컵은 처음으로 그녀가 가장 사적인 장소에서 자신의 몸을 만질 수 있게 해주었고, 사회적으로 성적 대상화되는 여성 신체 부위와 더 자연스러운 관계를 맺게 해주었다. 그녀의 인식이 변화하면서 소녀들과 여성들은 왜 인간의 생식과 같은 필수 영역에 뿌리를 둔, 온전히 자연스럽고 생물학적인 과정을 부끄러워하게 된 것인지 스스로 질문했다. 인도에서는 월경에 대한 것을 금기로 여겨 많은 소녀들과 여성은 이에 대해 서로 이야기하지 않는다.

자신의 경험을 계기로, 이 환경 과학자는 월경용품이 환경뿐만 아니라 여성들의 건강과 복지에 끼치는 영향에도 관심을 가지게 됐다. 이 분야의 변화는 금기가 깨질 때만 가능하다는 것을 깨달았다. 문제를 해결하기 위해서는 그 문제를 다룰 수 있어야 하기 때문이다. 하지만 월경기간 동안 부정하게 여겨지며 절이나 주방에 들어갈 수 없는 인도의 많은 지역에 사는 여성들에게는 매우 큰 도전이다. 또한 많은 여성들은 월경 기간에 얼룩이 옷에 묻을 것을 두려워한다. 학교에서 월경용품을 교체하고 처리할 수 있는 방법이 없어 아예 학교를 가지 않기도 한다. 여학생들은 종종 월경 때문에 학교를 중퇴한다.

특히 농촌 지역과 빈민가 여성들은 가정에서 사용한 월경용품을 어디에 버려야 할지 모르는 상황이다. 가정 쓰레기에 넣는 것이 허용되지 않기 때문에 변기에 버려 하수도를 막히게 한다. 농촌에서는 여성들이 종종 월경용품을 마을 밖 땅에 묻기 위해 먼 거리를 걸어가야 한다. 또는 호수나 강에서 목욕할 때 그곳에 버리기도 하는데, 버려진 월경용품은 물이나 땅 어디서든 높은 플라스틱 함량 때문에 수백 년 동안 썩지도 않는다. 그리고 이를 불태우면 유독 가스를 방출한다.

대부분 여성들은 일회용 월경용품을 매우 실용성 있을 뿐 아니라 오래전부터 사용해 온 천으로 만든 것보다 크게 발전된 것으로 여긴다. 인도 정부는 더 많은 여성들이 일회용 월경용품을 사용할 수 있도록 돕고자, 농촌 지역 10세에서 19세 여성들에게 월경대를 할인 값으로 제공하고 있다. 또한 많은 사람들이 구입하는데 부담을 갖기 때문에 월경대와 탐폰에 대한 세금을 폐지했다. 하지만 정부는 이 과정에서 쓰레기 문제를 가볍게 여겼다.

놓치고 있는 또 다른 중요한 문제는 인도뿐만 아니라 세계 문제다. 슈라다는 사람들이 건강한 영양과 친환경 화장품에 대해서는 관심을 기울이는 반면, 월경용품에

인도의 예

↘ 13 첨가제는 무엇일까? ↘ 19 플라스틱이 위생에 어떤 영향을 끼칠까? ↘ 26 플라스틱은 사람들에게 어떻게 영향을 미칠까?

떤 화학물질이 포함돼 있는지 어느 누구도 의문을 제기하지 않는다는 점에 놀라워한다. 아직까지 성분 표기 의무가 없지만, 이제는 모든 여성이 약 40년 동안 자궁 경부와 접촉하는 독성 물질과 플라스틱에 대해 알 권리를 가져야 한다.

슈라다는 지속가능한 월경용품을 보급하기 위해 어떤 단체가 있는지 조사하기 시작했다. 다행히 고향인 남인도 케랄라(Kerala) 주 정부는 매우 진보적이고 환경에 대한 인식이 높은 곳으로 국제 제로 웨이스트 도시 프로그램에도 참여하고 있다. 이는 쓰레기 문제에 대한 다양한 비정부기구(NGO) 연결망이 있다는 것을 뜻한다. 하지만 슈라다는 월경 관련 문제를 다루는 단체는 거의 찾지 못했다. 그녀는 소셜 미디어(SNS)를 통해 이 분야의 활동가들과 접촉했고, '레드 사이클(The Red Cycle)'과 유기농 면으로 만들어진 세탁 가능한 월경대를 생산하고 사회적 약자 여성들에게 일자리를 제공하는 협동조합인 '에코 팜므(Eco Femme)' 같은 단체를 우연히 발견했다.

동시에 여성들은 천 월경대를 판매한 수익 일부를 학교 교육 캠페인을 위한 자금으로 사용한다. 기존 프로젝트가 연결망을 갖추도록 슈라다는 이 문제에 관심을 가진 개인, 단체, 생산자로 구성된 비공식 그룹 '지속가능한 월경 케랄라 컬렉티브(Sustainable Menstruation Kerala Collective)'를 공동 설립했다.

이들은 여성이 적정한 값으로 건강을 해치지 않는 친환경 월경용품을 구입할 수 있어야 한다고 생각한다. 이를 위해 그들은 서로 아이디어를 교환하거나 행사와 캠페인을 조직한다. 그들은 공개 행사와 학교에서 초기 구매 비용은 높지만 멀리 보면 더 싸고 환경과 건강에 무해한 세탁할 수 있는 천 월경대와 의료용 실리콘으로 만든 월경컵 같은 대안을 교육하고 보여준다.

그들은 그동안 수치심으로 외면 당해 온 주제를 다루면서 많은 환영을 받고 있다. 슈라다는 자유롭게 선택할 수 있는 기회가 모든 여성에게 주어지지 않는다는 것을 알고 있다. 때로는 깨끗한 화장실이 갖춰지지 않은 기본 문제 때문에 실패하기도 한다. 따라서 이 문제를 해결하려면 정치적 움직임이 필요하다. 교육, 사회적 상황, 환경과 건강 같은 문제들은 모두 서로 연결돼 있다. 슈라다의 노력은 케랄라 주가 인도 전체의 모범 사례가 되도록 기여했다.

플라스틱은 무엇을 위해 사용될까?

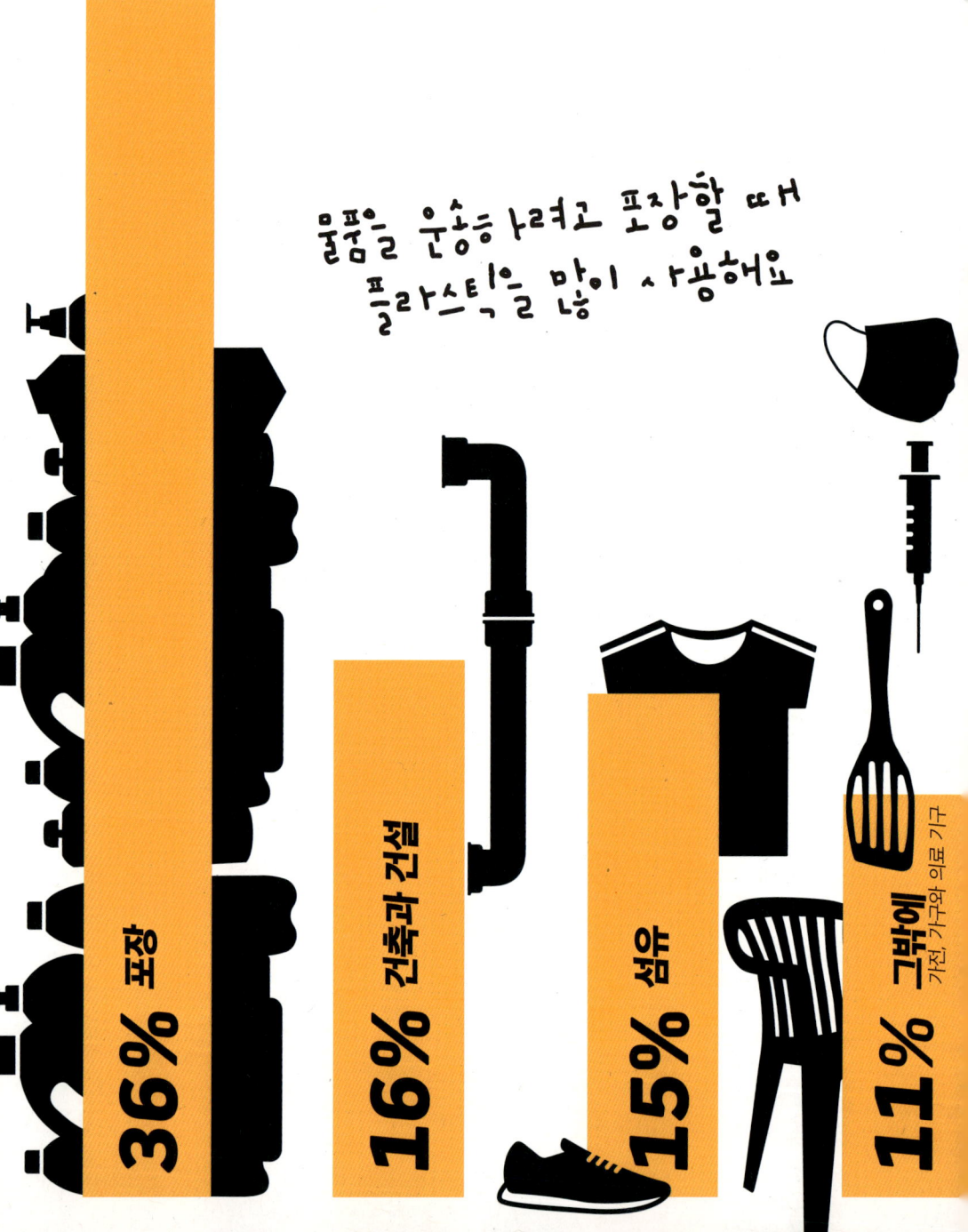

물품을 운송하려고 포장할 때 플라스틱을 많이 사용해요

36% 포장
16% 건축과 건설
15% 섬유
11% 그밖에 가전, 가구와 의료 기구

주요 산업과 제품

↘ **11** 플라스틱에는 어떤 종류가 있을까? ↘ **41** 플라스틱은 얼마 동안 사용할까?

2019년 총 4억 6,500만 톤

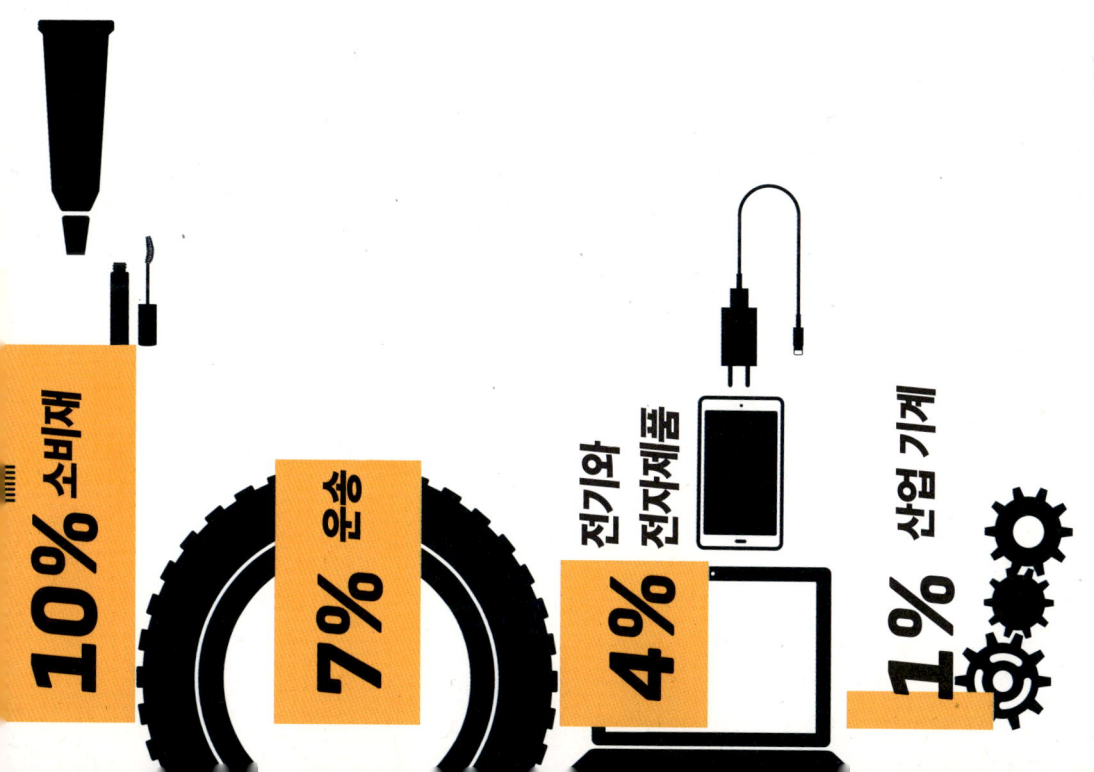

- **10%** 소비재
- **7%** 운송
- **4%** 전기와 전자제품
- **1%** 산업 기계

22 지구를 몇 바퀴 감을 수 있을까

500번 정도 지구 둘레를 10센티미터 넓이 껌으로 감을 수 있다

이름이 알려진 초국적기업의 2019년 플라스틱 사용량

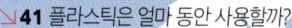 41 플라스틱은 얼마 동안 사용할까?

플라스틱 포장 쓰레기는
온라인 쇼핑할 때 생겨요
판지와 종이도 포함되죠

페트병은 어떻게 만들어질까

1 증류(Distillation) 석유를 플라스크에서 가열하면 섭씨 360도에서 가스가 발생해 위로 올라간다. 가스는 튜브를 통해 빠져나간다. 이 석유는 냉각되면서 액체로 바뀐 뒤 유리 용기에 떨어진다. 'Destillare'는 라틴어로 흘러내린다는 뜻. 석유나 천연가스는 페트(PET)를 생산하는 원료다.

2 분해 긴 탄소 사슬이 더 짧은 사슬로 부서지거나 '분해'된다. 짧은 사슬은 가솔린, 용제와 플라스틱을 만드는 데 사용될 수 있다.

약 580억 개 넘는 페트병이 2021년 한 해 동안 세계에서 생산됐어요

압력, 열, 그리고 많은 양의 에너지

↘ **10** 플라스틱은 무엇일까? ↘ **33** 페트(PET)는 어떻게 재활용될까?

4

3 중합 이 화학작용이 일어나는 동안 수많은 단량체(monomer)는 긴 분자 사슬인 중합체(polymer)로 만들어진다. 디메틸 테레프탈레이트(dimethyl terephthalate) 단량체와 에틸렌 글리콜(ethylene glycol)이 페트(PET) 중합 과정에서 결합된다.

4 펠릿 페트(PET)는 스파게티면 같은 줄기로 녹였다가 냉각하면 자를 수 있다. 그렇게 작은 원통형 조각인 펠릿(pellet)이 만들어진다. 설탕처럼 미세해 포장하고 운송하기 편리하다. 플라스틱은 펠릿 형태로 판매되고 가공한다.

5

5 연신 블로우 성형 음료 공장에서는 먼저 펠릿으로 한쪽이 막힌 관 형태(블랭크)를 만든다. 이 과정에서 이미 한쪽 끝에 나사 홈도 만들어진다. 그 뒤 성형 틀에 넣고 풍선 불 듯 공기를 주입해 병 모양을 만든다. 이렇게 페트병이 완성되면 음료를 채운다.

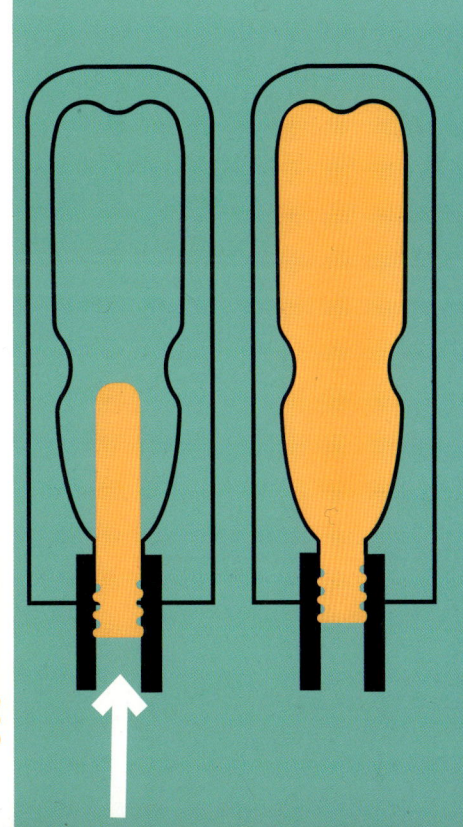

24 세계는 얼마나 많은 플라스틱을 생산할까

한 사람마다 엄청난 양의 플라스틱을 만드는 셈이에요.

북아메리카*
19%
5%
북아메리카

유럽*
19%
10%
유럽

라틴아메리카
4%
8%
중앙아메리카와 남아메리카

7%
중앙아프리카
동아프리카
17%
아프리카

* **북아메리카** 캐나다, 미국, 멕시코 포함   * **유럽** 독립국가연합(CIS) 3퍼센트 포함

인구 대비 플라스틱 생산

› 25 발전과 플라스틱 폐기물은 어떻게 연결될까?   › 58 플라스틱으로 누가 이익을 얻을까?

 **2019년 세계 플라스틱 생산 비율**

2020년 세계 인구 비율

60%
아시아

아시아*
51%

*아시아 오스트레일리아 포함, 중국이 31퍼센트 차지

25 발전과 플라스틱 폐기물은 어떻게 연결될까?

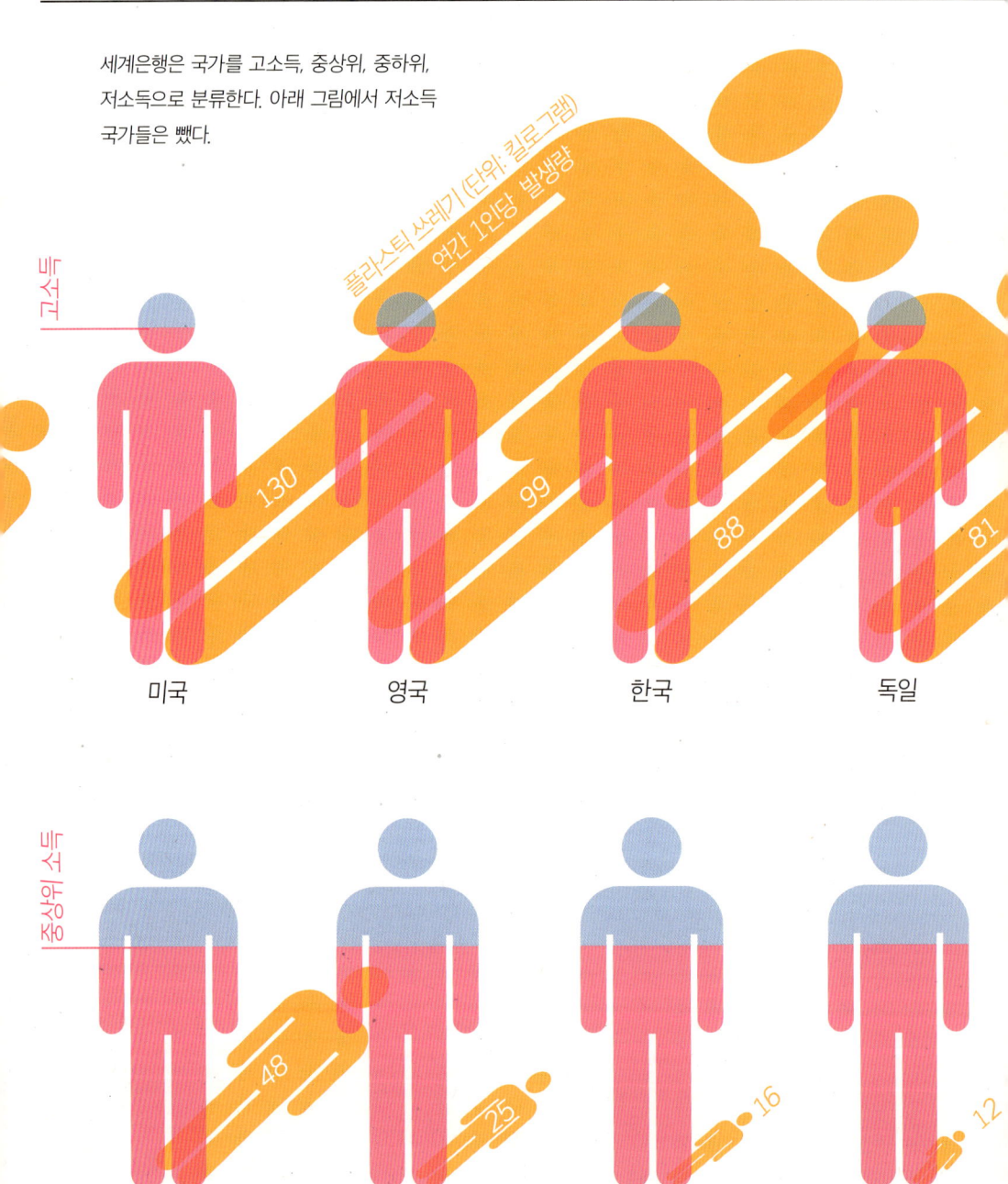

발전에는 책임이 따른다

↘**30** 독일의 쓰레기는 어디로 갈까? ↘**58** 플라스틱으로 누가 이익을 얻을까?

플라스틱 위기가 어두운 그림자를 만들어요

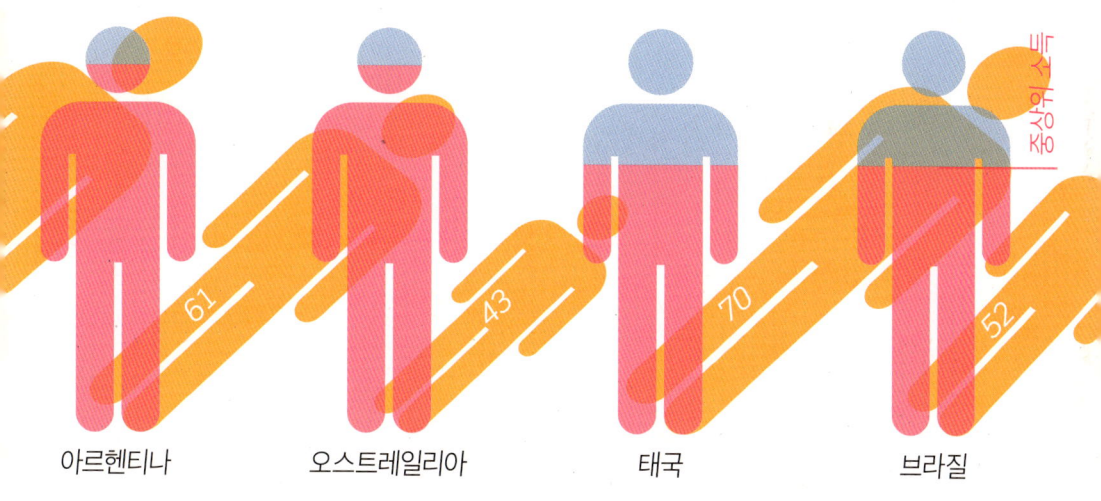

| 아르헨티나 | 오스트레일리아 | 태국 | 브라질 |
| 61 | 43 | 70 | 52 |

중상위 소득

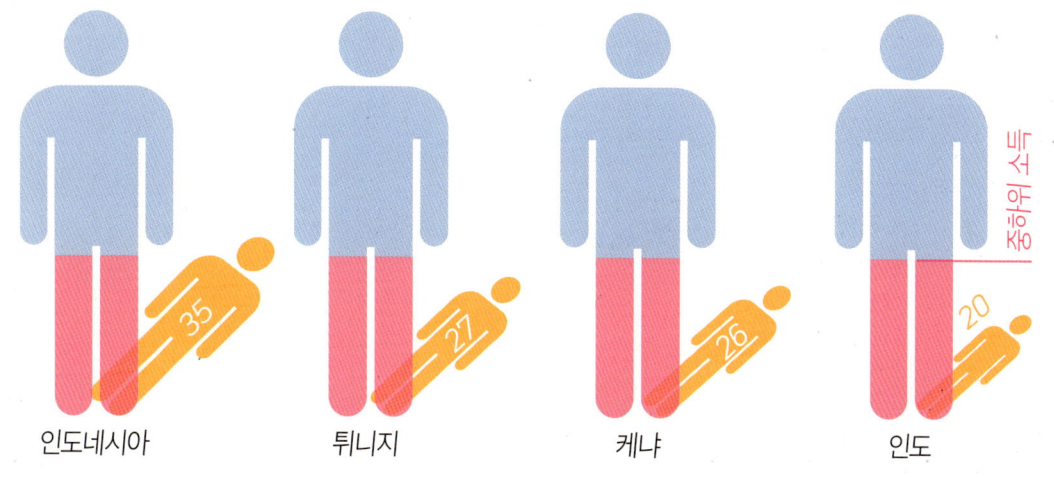

| 인도네시아 | 튀니지 | 케냐 | 인도 |
| 35 | 27 | 26 | 20 |

중하위 소득

26 플라스틱은 사람들에게 어떻게 영향을 미칠까

사회적, 경제적 불평등

↘ **13** 첨가제는 무엇일까? ↘ **14** 플라스틱은 왜 위험할까? ↘ **27** 쓰레기더미 위에서 살 수 있을까?

모두가 자신이 하는 일을 선택 하지는 못해요

부유하든 가난하든, 사무직이든 공장일이든, 도시든 시골이든, 나이가 적든 많든, 사람들은 매우 다양한 방식으로 플라스틱의 영향을 받는다. 플라스틱은 많은 사람들의 생계를 위협한다. 특히 어업으로 생계를 유지하거나 관광업에서 일하는 사람들, 플라스틱 공장 위에 사는 사람들이 받는 위협은 더 크다.

임금이 낮은 노동자들은 세제나 그밖에 화학물질 같은 독소나 오염 물질에 더 자주 노출될 가능성이 높다. 성별(gender)도 차이를 만든다. 저임금 노동자 대부분이 여성이다.

쓰레기더미 위에서 살 수 있을까

제키아 메메도브(Zekia Memedov) 씨는 평생 쓰레기로 생계를 이어왔다. 그는 어린 시절에도 학교에 가는 대신 쓰레기통을 뒤적여 팔 수 있는 모든 것을 주워 담았다. 시간이 흐른 뒤에 그의 아이들도 같은 일을 했다. 가족 구성원 모두가 생계에 매달릴 수밖에 없어 학교에 갈 시간이 거의 없었다. 어쩌다 학교에 가면 다른 아이들이 이 아이들을 보고 코를 막는다. 어떤 아이들은 "냄새가 고약해! 너희들한테 이가 있어!"라고 소리친다. 하지만 수도가 없는 집에서 어떻게 씻을 수 있을까.

제키아 씨는 47세이고 유럽 중앙에 있는 북마케도니아(남유럽 발칸반도 한가운데에 있는 내륙국가. 북쪽으로 코소보, 동쪽으로 불가리아, 남쪽으로 그리스, 서쪽으로 알바니아에 둘러싸여 있다. 1991년 9월 8일 유고슬라비아로부터 독립했고, 공용어는 마케도니아어와 알바니아어이며, 인구는 2021년 기준 약 2,065,000명 정도이다.*편집자 주)에 살고 있다.

남편 라힘(Rahim) 씨와 마찬가지로 그는 유럽 소수민족인 롬인(집시)이며 그들 대부분은 가난하고 사회에서 차별 받는다. 최근까지 제키아 씨는 수도 스코페(Skopje) 바깥 바르다르 강변에 있는 텐트촌과 임시 대피소에서 다른 50명의 롬인과 함께 살았다. 라힘 씨는 고아원에서 자랐고 이 공동체에서 유일하게 학교를 졸업한 사람이다. 비록 라힘 씨가 굴착기 기사가 될 수 있는 직업 교육을 끝내지는 못했지만, 그는 교육을 받았기에 다른 사람들의 존경을 받는다.

첫 아들이 태어났을 때 제키아 씨는 16살, 라힘 씨는 17살이었고 그 뒤 자녀 6명을 더 낳았다. 그들의 집은 직접 수집한 물건으로 가득하다. 텐트촌 모든 사람들은 강물에서 몸을 씻고 빨래를 하며, 그들이 번 적은 돈으로 살 수 있는 것만 먹고 산다. 음식은 충분하지도 않고 건강에 좋지도 않다. 하지만 그들은 재활용할 수 있는 쓰레기 80퍼센트를 모으는 일로 환경에 기여한다. 공공 분리수거 체계가 제대로 갖춰지지 않은 나라에서는 항상 사회의 가장 가난하고 소외된 사람들이 모두가 기피하는 이 일을 맡고, 이로 인해 더욱 멸시를 받는다. 하지만 많은 이들에게 이 일은 생계를 유지할 수 있는 유일한 방법이다.

이른 아침부터 가족들이 일터로 떠날 때면, 여자들은 가장 어린 아이들을 데리고 가고, 남자들은 따로 간다. 11세 넘는 아이들은 한 모둠으로 모인다. 그들은 자전거 트레일러에 쓰레기 수집에 필요한 자루들을 충분히 싣고 간다. 제키아 씨는 스코페 주택가 주민들이 출근하며 가정용 쓰레기를 버리는 시간을 정확하게 알고 있다.

북마케도니아에서는 쓰레기 분리수거가 거의 이뤄지지 않는다. 유리, 종이, 플라스틱, 음식물 쓰레기, 기저귀, 유독성 세제는 한 곳에 모인다. 여기 저기를 뒤지며 팔 수 있는 것을 찾는 일은 주로 아이들이 맡는다. 예전에는 판지, 종이, 유리, 금속캔이 값이 나갔다. 요즘에는 대부분 페트병이다. 제키아 씨와 라힘 씨는 시세에 따라 판지와 종이를 수거할 것인지 결정한다. 종종 폐지를 수거하는 일은 돈이 안 될 때가 많다. 그들은 무게도 거의 나가지 않고 벌이에 도움 되지 않는 비닐봉지는 모으지 않는다. 또한 여러 종류의 플라스틱으로 만들어진 포장재도 쓸모가 없다. (폐품 수집인들은 다른 누구보다도 세계 소비 경제가 만든 쓰레기들과 많은 시간을 보낸다. 하지만 그 누구도 이들만큼 쓰레기들의 구성과 성질을 잘 알지 못한다. 이들은 플라스틱을 문제 있는 폐기물로 가장 먼저 인식한 사람들 가운데 하나다. 폐기물을 수집하고 분류하기 때문에, 다른 사람들보다 폐기물의 전체 흐름을 보다 잘 이해할 수 있다. *편집자 주)

북마케도니아의 쓰레기 수거

↘28 얼마나 많은 플라스틱이 쓰레기로 버려질까? ↘69 플라스틱 오염과 누가 싸우고 있을까?

이 일은 위험하고 건강에도 해롭다. 때때로 스프레이가 폭발하기도 하고, 비닐봉지에 들어있는 죽은 개를 발견하기도 한다. 날카로운 유리나 금속 물질에 찔릴 때 더러운 헝겊으로 상처를 감싸는 일도 자주 일어난다. 또한 이들은 독성 물질과 병을 전염시킬 수 있는 파리, 바퀴벌레에 노출돼 있다. 쓰레기 수집으로 생계를 이어가는 많은 사람들은 피부 발진, 위장병, 장티푸스, 콜레라로 고통을 받는다. 이들 가운데 대다수는 의료보험이 없고 의료 지원을 받을 수 있는 기회도 거의 없다.

쓰레기를 수거하는 노동자들이 환경에 이로운 일을 하기 때문에 당국은 이들을 '친환경' 노동자라 부르지만 당사자들은 그렇게 생각하지 않는다. 이들에게는 그저 생존 문제일 뿐이다. 종종 이들은 하루에 40킬로미터를 걸어 저녁이 돼서야 사설 집하장에 도착해 하루 동안 수거한 쓰레기를 전달한다. 플라스틱 1킬로그램마다 평균 0.16유로를 받지만, 집하장은 이 플라스틱을 1킬로그램마다 3유로로 더 비싸게 재판매한다. 또 다른 사람들은 재활용이 가능하고 원자재를 절약하는 데 도움이 되는 쓰레기를 재판매하거나 수출해 큰돈을 번다. 평균으로 남성은 하루에 8~9유로를 벌 수 있다. 일하는 동안 아이들을 돌봐야 하는 여성은 수거량이 적어 남성의 절반 정도만 벌 수 있을 뿐이다. 이들의 소득 수준은 빈곤선 아래다.

그럼에도 북마케도니아 200만 인구 가운데 3,000명이 쓰레기로 생계를 이어간다. 남미, 인도, 필리핀에도 많은 쓰레기 수거 노동자들이 있지만, 이들은 이제 협동조합을 결성하여 고정임금, 건강보험, 더 나은 노동 조건을 보장받고 있다. 협동조합들은 은행에서 대출을 받아 쓰레기를 분류, 파쇄, 압축하는 차량과 기계를 구입할 수 있다. 조합을 통해 쓰레기 수거 노동자들은 중개업자 없이 쓰레기를 판매할 수 있어 더 많은 돈을 벌 수 있다. (중국과 파키스탄, 인도, 필리핀에서 비공식 폐기물 업계가 달성한 재활용률은 20~50퍼센트에 달한다. 인도 푸네에서는 폐자원 89퍼센트를 폐품 수집인 협동조합이 회수한다. 이들은 플라스틱 폐기물 52퍼센트를 재활용 처리해 푸네시의 고형 폐기물 처리 비용을 해마다 1,250만 달러 넘게 절감해 주고 있다. 또한 한해 승용차 39,195대의 온실가스 배출량을 줄이는 효과를 내고 있다. *편집자 주)

북마케도니아 쓰레기 수거 노동자들이 아직 협동조합을 설립하려는 계획을 세우지는 않았지만, 이들이 재활용과 폐기물 처리 회사에 정규직으로 채용될 수 있도록 돕는 단체가 있다. 소비 사회에서 발생하는 쓰레기에 대해 이들만큼 잘 알고 있는 사람들은 없을 것이다. 결국 쓰레기 회사들도 쓰레기 분리수거에 대한 이들의 경험과 지식을 통해 이익을 얻을 수 있을 것이다. 그렇게 된다면 환경에 이로울 뿐만 아니라 이들의 삶의 질도 나아질 것이다.

제키아 씨와 그의 가족은 아이데 마케도니아스(Ajde Makedonijas)라는 단체 도움으로 최근 롬인 텐트촌에서 나와 다른 장소에 있는 방 2개짜리 방갈로로 이사할 수 있게 됐다. 그들은 수도와 의료보험을 제공받고, 사회복지사에게 상담도 받을 수 있다. 또한 아이들을 학교에 보내는 사람이라면 누구나 식료품점과 식당에서 기부하는 무료 식사를 날마다 먹을 수 있다. 하지만 제키아 씨는 여전히 쓰레기 수거 일을 한다. 쓰레기 수거는 그의 직업이자, 그가 배운 것의 전부이며, 다른 누구보다 잘 알고 있는 분야이기 때문이다.

얼마나 많은 플라스틱이 쓰레기로 버려질까

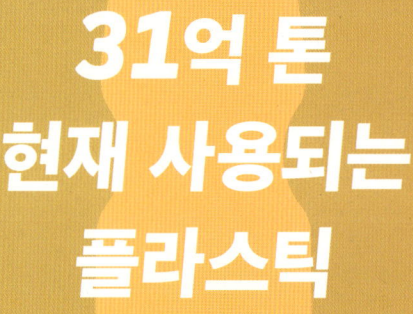

31억 톤
현재 사용되는 플라스틱

재활용된 플라스틱 포함

11%
재활용한다

전부 어디에 있는 걸까?

1950년부터 2019년까지 세계 플라스틱 사용량

↘ **9** 그동안 얼마나 많은 플라스틱이 생산됐을까? **29** 소각하고 나면 무엇이 남을까?
↘ **35** 플라스틱 재활용은 왜 해결책이 될 수 없을까?

79억 톤
플라스틱 쓰레기가 된다

74%
매립지에
묻거나
자연에 남는다

15%
태운다

온실가스

수증기, 특히 이산화탄소와 메탄을 포함한 다양한 가스를 뜻한다. 온실가스는 대기 속에 모여 태양 광선을 흡수한 다음 그것을 열로 방출한다. 지구가 알맞게 따뜻하고 춥지 않은 것은 바로 온실가스 덕분이다. 하지만 이 가스량이 늘어나면서 점점 기온이 올라가고 있다. 메탄은 특히 강력한 온실가스이며 이산화탄소보다 환경에 훨씬 더 나쁜 영향을 미친다.

CO_2 이산화탄소

CH_4 메탄

유독성 슬래그

소각 뒤 남은 고체상태 물질이다. 독성이 매우 강하기 때문에 암염 돔이나 방사성 폐기물 처리장과 유사한 형식의 폐기물 처리장에 보관해야 한다.

유해가스와 유독성 고체

↘ **28** 얼마나 많은 플라스틱이 쓰레기로 버려질까? ↘ **60** 플라스틱이 기후에 미치는 영향은 무엇일까?

비산재

소각 과정에서 기체와 액체 말고도 다양한 오염물질이 작은 먼지 같은 입자로 배출된다. 이를 비산재라 한다. 이 물질은 매우 작아서 먼지처럼 어디나 떠다닐 수 있다. 심지어 우리 식량사슬(식량 생산, 가공, 유통, 분배, 소비, 폐기에 이르는 전체 과정. *편집자 주)에도 들어갈 수 있다.

몇몇 국가에서는 조리할 때 플라스틱을 연료로 사용해요

다이옥신

일부 플라스틱 종류인 폴리염화비닐(PVC)과 폴리우레탄(PUR)을 태울 때 생긴다. 매우 적은 양이 발생하지만 먹이사슬에 쌓이는 유기 오염 물질이다. 잔류성이 강해 환경에 아주 오랫동안 남는다. 다이옥신은 아주 적은 양이라도 건강에 매우 유해하므로 주의해야 한다. 또한 암, 기형아나 그밖에 여러 질병을 일으킬 수 있다.

30 독일의 쓰레기는 어디로 갈까

어느 나라도 다른 나라를 위한 쓰레기 처리장이 될 수는 없어요

국가	수치
말레이시아	182,487
폴란드	84,226
체코	68,456
튀르키예	63,816
오스트리아	47,950
인도	40,821
영국	35,015
인도네시아	34,338
스위스	33,514
벨기에	28,017
프랑스	22,327
불가리아	21,839
덴마크	19,334
아일랜드	18,154

2019년 독일의 쓰레기를 가장 많이 수입한 23개국 (단위: 톤)

↘**44** 바다 쓰레기는 어디에서 오는 걸까?　↘**48** 플라스틱은 어떻게 바다로 흘러들어 갈까?

환적항

환적항에서 컨테이너는 다른 목적지로 운송되는데, 때때로 바로 그 컨테이너, 쓰레기가 수출됐던 국가로 회송되기도 한다. (목적지까지 운송해야 하는 화물을 도중에 다른 선박에 옮겨 싣는 데 활용하는 항구 *편집자 주)

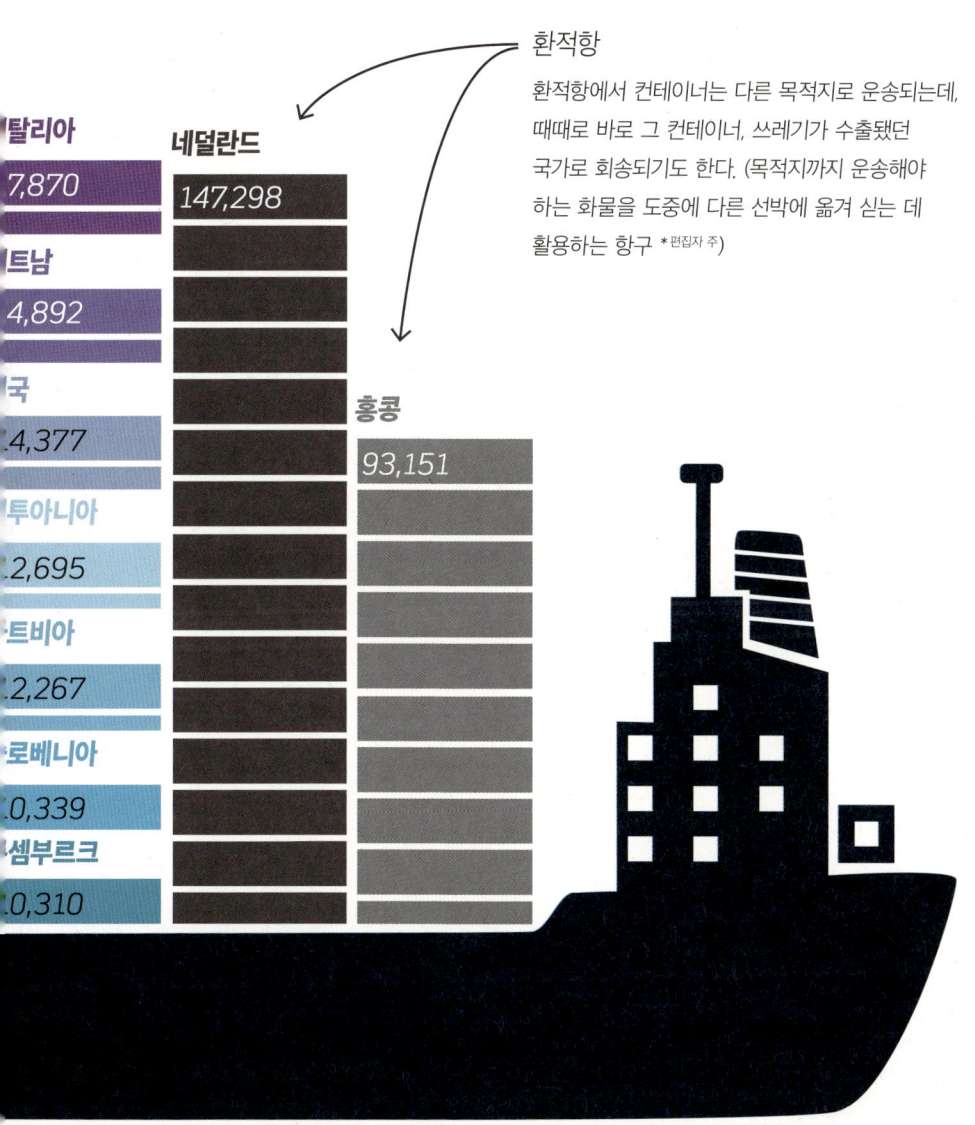

이탈리아
7,870

네덜란드
147,298

베트남
4,892

국
4,377

리투아니아
2,695

라트비아
2,267

슬로베니아
0,339

룩셈부르크
0,310

홍콩
93,151

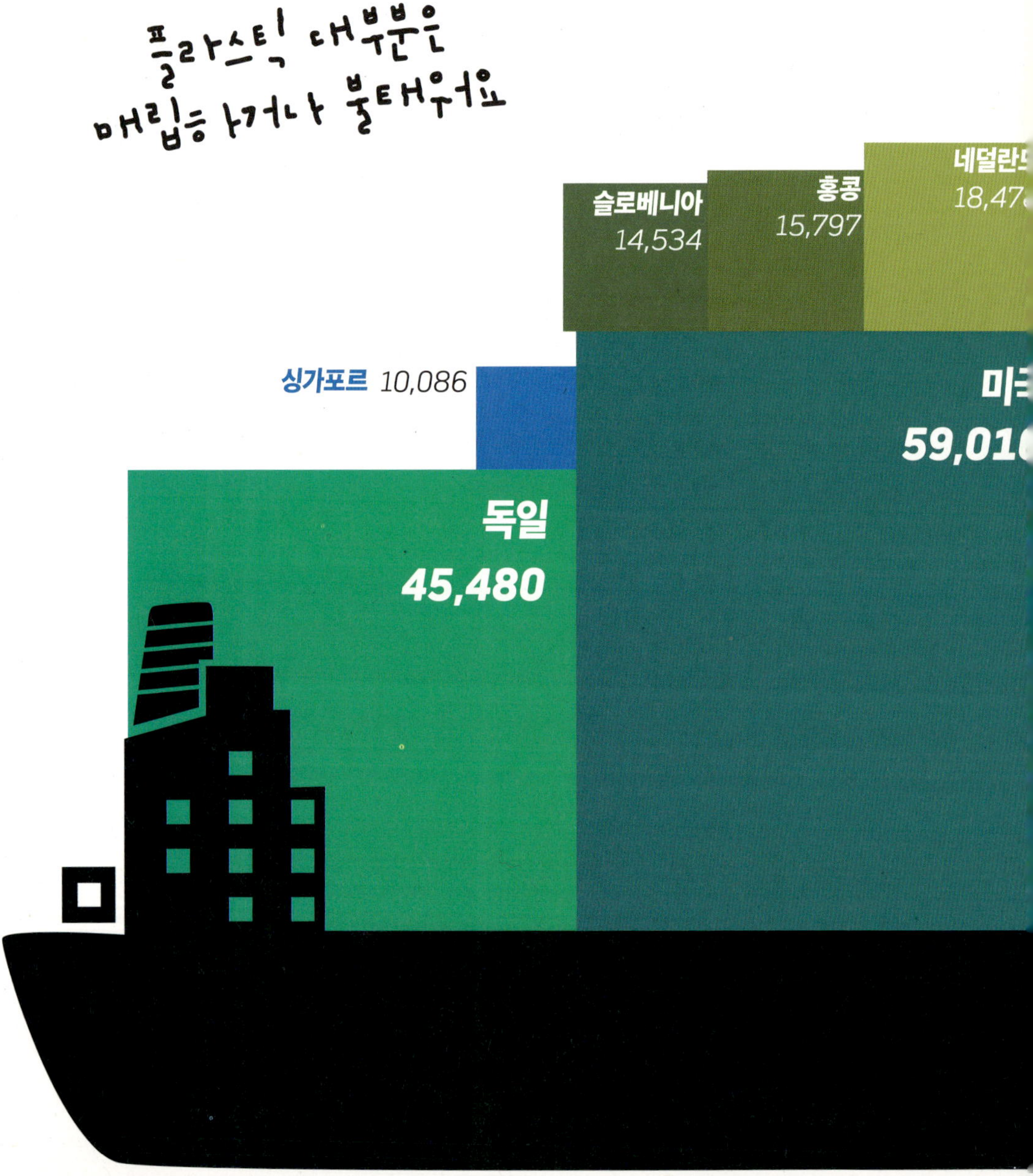

31 누가 말레이시아로 쓰레기를 수출할까

플라스틱 대부분은
매립하거나 불태워요

슬로베니아 14,534

홍콩 15,797

네덜란드 18,47...

싱가포르 10,086

미국 59,010

독일 45,480

2019년 말레이시아로 쓰레기를 수출하는 17개 주요국 (단위: 톤)

↘**28** 얼마나 많은 플라스틱이 쓰레기로 버려질까? ↘**56** 플라스틱 쓰레기에 대한 책임은 누구에게 있을까?

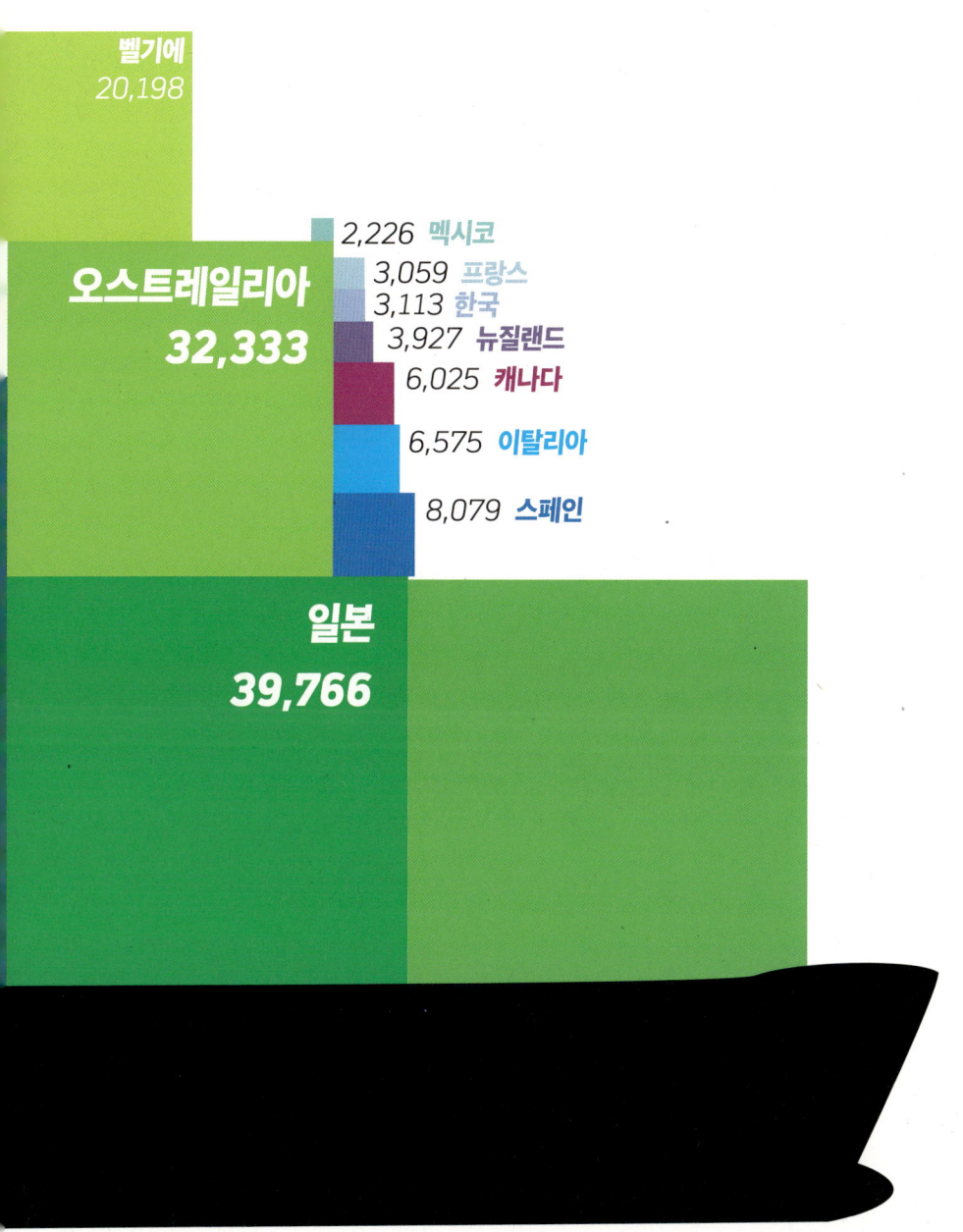

벨기에 20,198

오스트레일리아 32,333

2,226 멕시코
3,059 프랑스
3,113 한국
3,927 뉴질랜드
6,025 캐나다
6,575 이탈리아
8,079 스페인

일본 39,766

제로 웨이스트 도시들은 어떻게 운영될까

쓰레기를 줄이고 많은 변화들을 만든 사례: 필리핀

↘**65** 제로 웨이스트 제품은 어떻게, 어디에서 살 수 있을까? ↘**66** 바꿔야 할 부분은 무엇일까?

모든 유기성 폐기물은 지역에서 퇴비로 만든다

2

나머지 쓰레기를 숨기지 않는다

4

이것은 어려운 일이지만, 변화를 원하는 사람들부터 시작돼요

그 결과 나머지 쓰레기가 최대 80 퍼센트 줄어든다

33　　페트(PET)는 어떻게 재활용될까

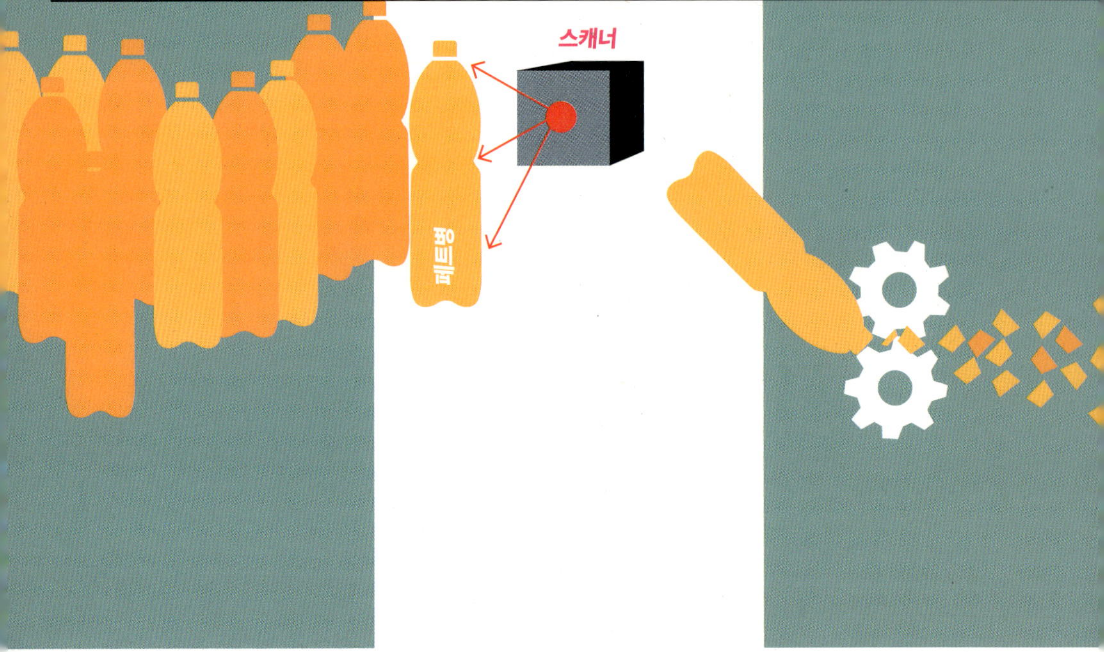

스캐너

페트

새 제품을 만들 때 재활용 플라스틱은 일부만 넣어 사용할 뿐이에요

아웃도어 의류,
플리스 스웨터,
스니커즈
섬유용 재생원료

책가방
재생원료

병

재활용을 가로막는 것은 무엇일까

여러 겹으로 이뤄진 플라스틱 필름

↘ **11** 플라스틱에는 어떤 종류가 있을까?

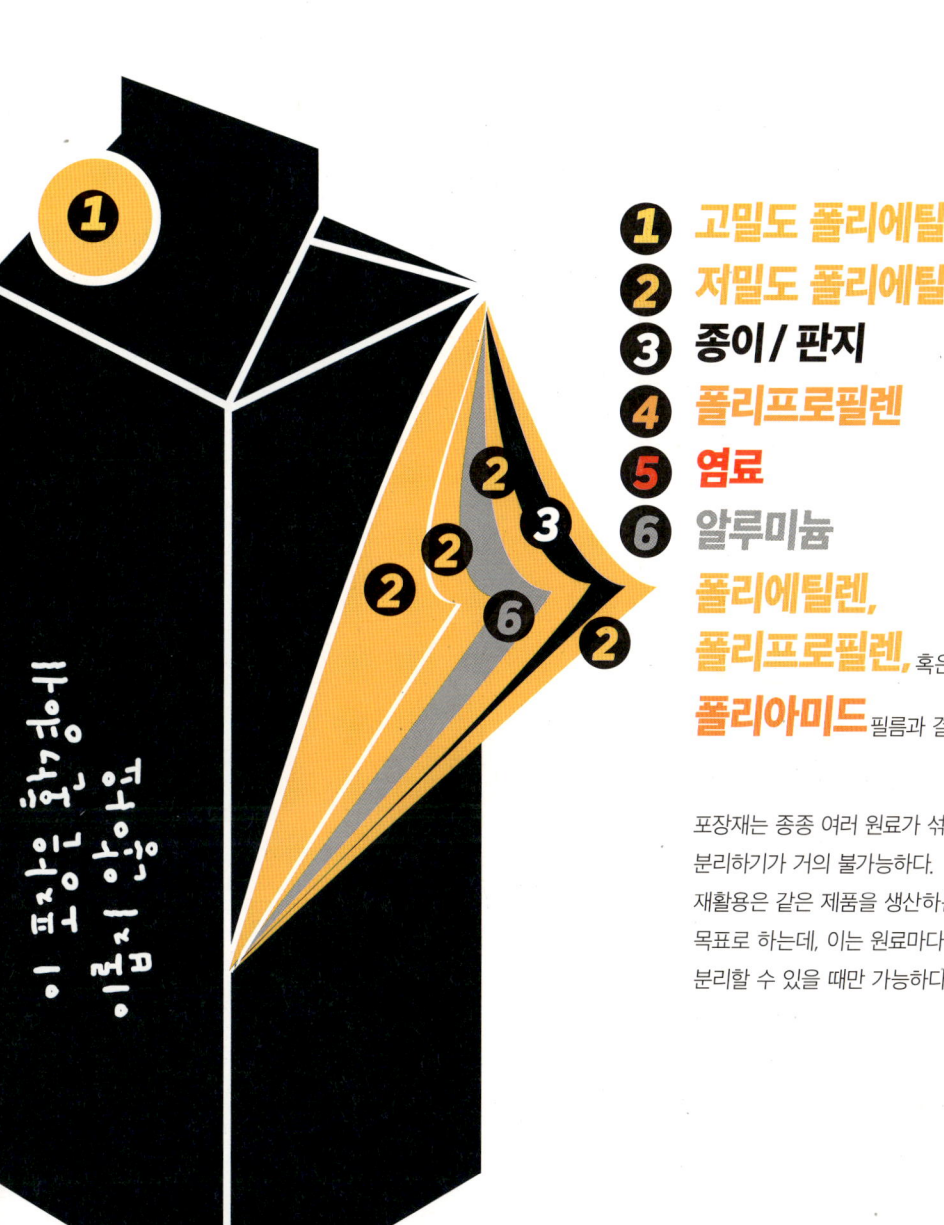

① **고밀도 폴리에틸렌**
② **저밀도 폴리에틸렌**
③ **종이 / 판지**
④ **폴리프로필렌**
⑤ **염료**
⑥ **알루미늄**

폴리에틸렌,
폴리프로필렌, 혹은
폴리아미드 필름과 결합된

포장재는 종종 여러 원료가 섞여 있어
분리하기가 거의 불가능하다.
재활용은 같은 제품을 생산하는 것을
목표로 하는데, 이는 원료마다
분리할 수 있을 때만 가능하다.

플라스틱 재활용은 왜 해결책이 될 수 없을까

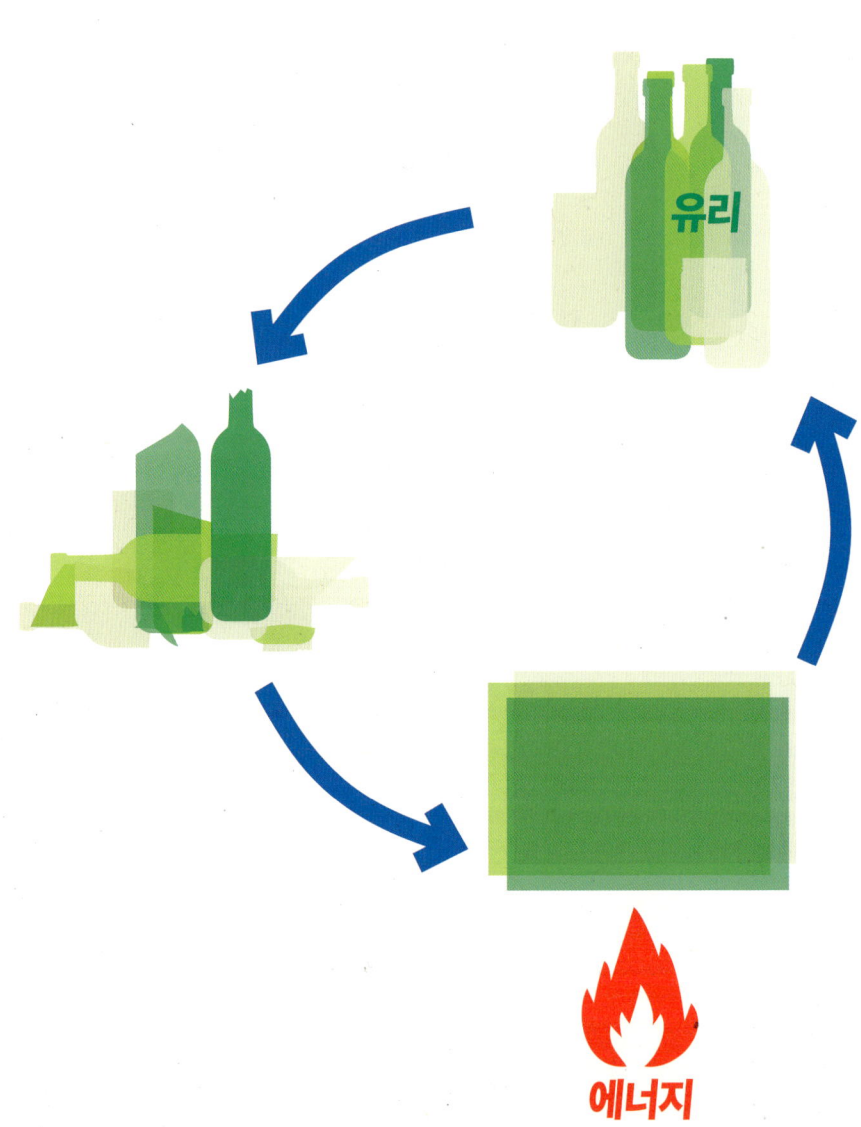

분자 사슬은 가열되면 끊어진다

↘13 첨가제는 무엇일까? ↘33 페트(PET)는 어떻게 재활용될까? ↘36 재사용을 왜 해야 할까?

재사용을 왜 해야 할까

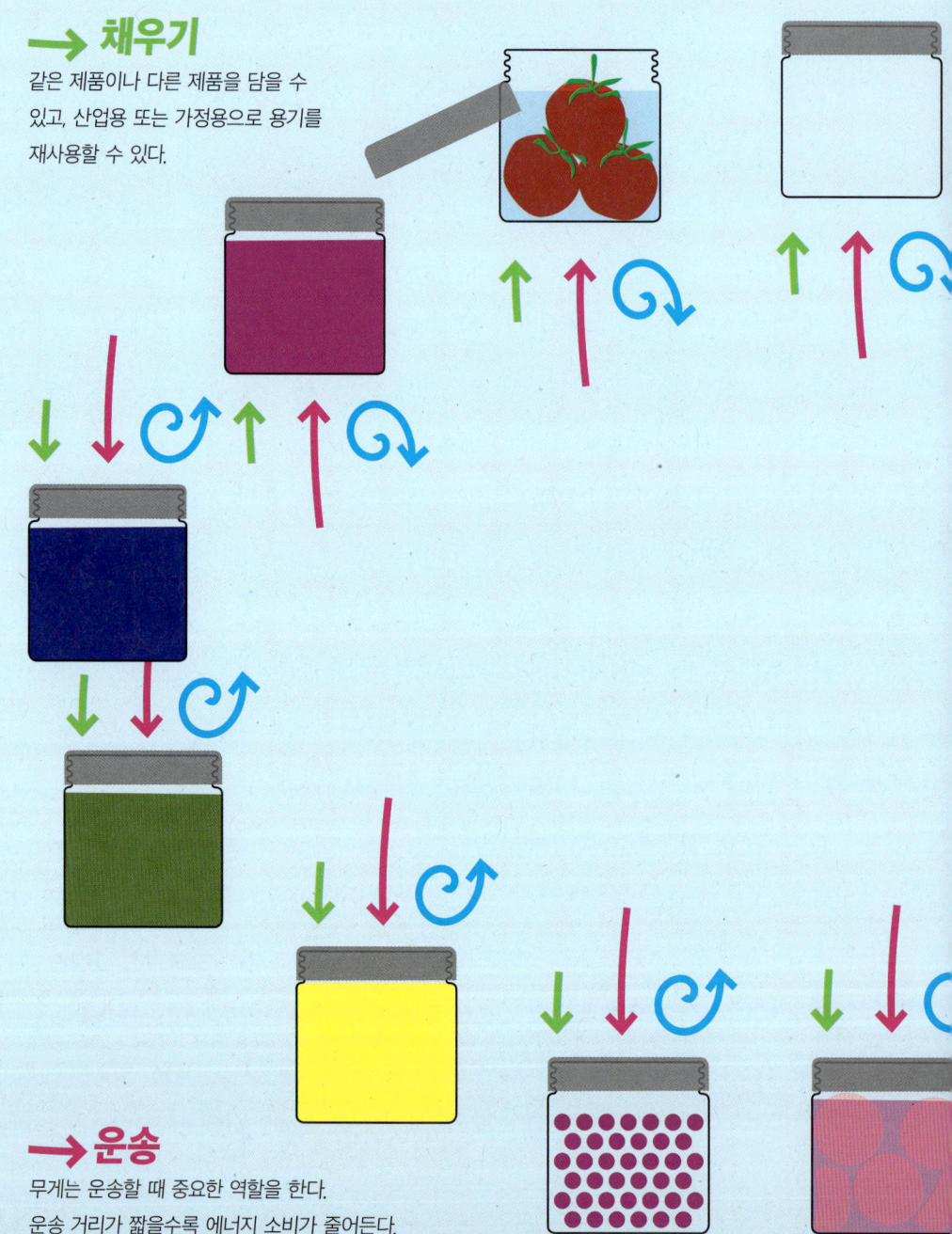

→ 채우기
같은 제품이나 다른 제품을 담을 수 있고, 산업용 또는 가정용으로 용기를 재사용할 수 있다.

→ 운송
무게는 운송할 때 중요한 역할을 한다.
운송 거리가 짧을수록 에너지 소비가 줄어든다.

축제에서 플라스틱 사용을 얼마나 줄일 수 있을까?

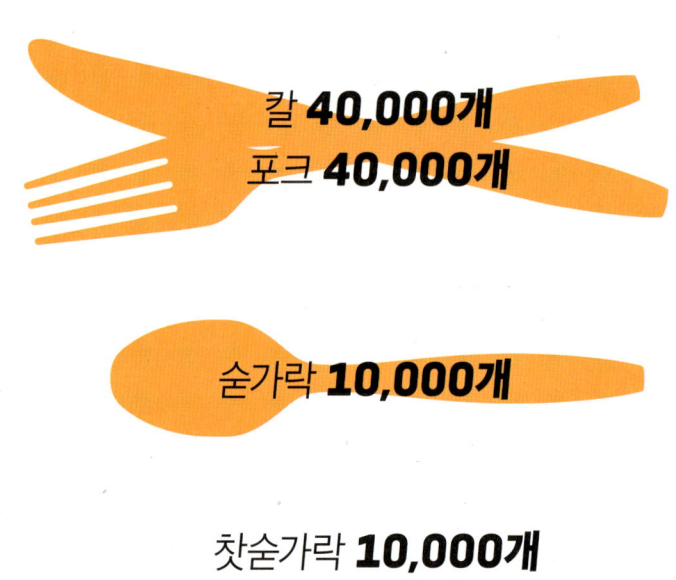

칼 40,000개
포크 40,000개

숟가락 10,000개

찻숟가락 10,000개

커피잔* 20,000개

플라스틱 컵 40,000개

'아이 랜드 사운드(I Land Sound)' 축제에서 재사용할 수 있는 물건들

↘**9** 그동안 얼마나 많은 플라스틱이 생산됐을까? ↘**28** 얼마나 많은 플라스틱이 쓰레기로 버려질까?

15,000킬로그램
4일 동안 5,000명이
재사용할 수 있는 물건을 쓰면
줄일 수 있는 플라스틱 양

*왜 모든 축제가 이렇게
하지 않는 걸까요?*

빨대 **40,000개**

접시* **50,000개**

* 플라스틱 층 포함

어떤 물건을 생산해야 할까

대부분 책은 플라스틱이 들어 있다. 이 책 인쇄판은 플라스틱을 쓰지 않기로 결정했다. 재생종이에 수성 잉크로 인쇄했다. 수성 잉크는 석유 대신 아마인유, 대두유, 혹은 나무 수지와 같은 식물성 기름으로 만든다. 이 잉크를 쓰면 용매 없이 세제와 물을 조금만 써서 인쇄기를 세척할 수 있다. 내지와 표지는 실로 묶어 책을 만든다. 표지는 보호용 광택제를 입히기 전에 잉크로 인쇄한다. 대부분 책 제작 과정에서 쓰는 플라스틱 필름을 우리는 전혀 사용하지 않았다. 따라서 책 자체에 플라스틱이 전혀 들어 있지 않다.

책이 미끄러지지 않고 안전하게 운송되도록 재활용 골판지로 만든 상자에 책을 포장해 파레트 위에 쌓는다. 파레트 위에 쌓인 상자들은 운송할 때 움직이지 않도록 보통 플라스틱 필름으로 포장한다. 플라스틱을 거의 쓰지 않고 책을 운반하는 방법은 없을까. 책 상자를 큰 골판지 상자에 담아 파레트에 쌓은 뒤 재생플라스틱 끈으로 묶을 것이다. 하지만 꼭 플라스틱 끈이 필요할까?
오래 사용할 수 있고 수리가 가능한 물건을 어떻게 디자인하고 만들어야 할까?

-리와 재활용을 할 수 있고, 환경을 오염시키지 않고, 안전해야 한다

-마 당신은 스마트폰이나 태블릿으로 이 그림을
-고 있을 것이다

이 물건들은 왜 몇 년 사이 구식이 돼 버릴까요?

스마트폰이나 태블릿 화면이 깨지거나 카메라가 고장
면 교체할 수 있지만 그뿐이다. 다른 모든 부품은 보통
라스틱으로 만들어졌거나 플라스틱으로 용접돼 있다.
느 한 곳이 고장 나면 보통 우리는 스마트폰 전체를
기해야 한다.

플라스틱은 누가 발명했을까

1907년 뉴욕, 리오 헨드릭 베이클랜드(Leo Hendrik Baekeland)가 자신의 실험실에서 실험하고 있다. 그는 젊은 시절 재능 있는 화학자였던 사업가다. 고향 벨기에 겐트(Ghent)를 떠나 미국으로 건너가 사진용 인화지를 개발해 많은 돈을 벌었다. 그는 값비싼 천연 소재를 대체할 인공 물질 개발 계획을 세웠다.

당시는 매우 빠르게 과학 기술이 발전하는 시대이고 산업화가 한창이었다. 의학과 농업의 발전으로 전례 없이 인구가 늘고 있었다. 점점 더 많은 사람들에게 음식, 옷, 생필품이 필요했다. 하지만 모직, 실크, 자개, 뿔, 상아 같은 천연 소재는 사용량이 제한돼 있고, 대부분 지구 반대편에서 수입해야 한다.

산업계에서도 최초 자동차와 새로운 기계를 만들며, 빠르게 성장하는 도시에 전기를 공급하려고 새로운 소재를 찾았다. 특히 전력 케이블을 위해 절연할 수 있는 내열성 소재에 관심이 높다. 지금까지는 내열성 소재로 락 깍지벌레(lac bug)의 암컷 분비물에서 추출한 셸락(shellac)을 사용해 왔지만, 붉은 락 깍지벌레 1만 5,000마리가 6개월 동안 고작 셸락 0.5킬로그램을 생산할 수 있을 뿐이다. 무엇보다 이 소재는 깍지벌레가 서식하는 인도와 태국에서 많은 비용을 들여 운송해야 한다.

물론 베이클랜드는 인공 물질 생산에 관심을 가진 최초 인물이 아닐 뿐더러, 유일하지도 않다. 반세기 전 1839년 미국인 찰스 굿이어(Charles Goodyear)는 열대 나무에서 추출한 천연 고무와 유황을 가열해 합성고무 만드는 방법을 발견했다. 이것으로 만년필, 피아노 건반, 타이어, 심지어 지우개와 같은 제품을 생산할 수 있게 됐다. 더 이상 흑연으로 잘못 쓴 글자를 빵으로 문질러 지울 필요가 없어진 것이다. 합성고무는 당구대 쿠션으로도 알맞은 소재라는 것을 알게 됐다. 그 당시 당구는 오늘날 인터넷 게임만큼이나 인기 있었고 세계 곳곳에서 사람들이 당구를 즐겼다. 당시 당구공은 아프리카 코끼리 상아로 만들었다. 당구공 세 개를 만들려면 코끼리 상아 전체가 필요했다. 코끼리 사냥은 잔인했고 상아는 값비쌌다. 1864년 미국의 한 당구 선수는 상아를 대체할 당구공 재료를 발견하는 사람에게 큰 상금을 걸었다.

이 제안을 계기로 5년 뒤 뉴욕 존 웨슬리 하얏트(John Wesley Hyatt)라는 인쇄업자가 식물 세포벽인 셀룰로오스를 바탕으로 셀룰로이드를 개발했다. 안타깝게도 이 새로운 소재는 당구공이 부딪힐 때 너무 시끄럽고 제대로 튕겨 나가지 않아 적합하지 않았다. 하얏트는 상금을 받지는 못했지만 세계 최초 열가소성 플라스틱을 발명하는 데 성공했다. 그는 자신의 형과 함께 많은 기업을 설립해 이전에는 값비싼 사치품이었던 칼 손잡이, 빗, 의상 장신구를 셀룰로이드로 생산했다. 하지만 한 가지 큰 단점은 가연성이 너무 높다는 점이다.

1907년 뉴욕, 개인 실험실에서 베이클랜드는 부와 명성을 가져올 기회에 가까워진다. 그는 페놀과 포름알데히드에 관심을 가졌다. 이 화학물질들은 화학 산업에서 흔히 발생하는 폐기물이며 대량으로 구할 수 있다. 베이클랜드 이전 다른 사람들은 이 두 물질이 결합해 타르 또는 수지 같은 덩어리를 이룬다는 사실을 이미 발견했지만, 시험관에 달라붙는 성가신 부산물일 뿐 실용성이 없다고 생각했다.

세계 최초 완전한 합성 플라스틱, 베이클라이트(Bakelite)

↘ **40** 플라스틱은 언제 나타났을까?

베이클랜드는 체계 있는 접근 방식으로 압력 용기를 개발하고 온도와 압력이 혼합물에 미치는 영향을 조사했다. 결과는 어땠을까? 오랫동안 큰 성과는 없었다. 갈색의 페놀 결정체 몇 개를 자극성 냄새가 나는 포름알데히드 용액에 넣고 섭씨 200도 아래로 가열한 다음에야 비로소 이 새로운 물질은 뛰어난 특성이 있었다. 눌어붙거나 녹거나 부서지지 않고 내구성이 뛰어나며 열이나 전기가 흐르지 않았다. 또한 생산 비용도 싸다. 베이클랜드는 이 소재에 대한 특허를 등록하고 자신의 이름을 따 '베이클라이트(Bakelite)'라 불렀다. 그는 천연 분자가 전혀 포함되지 않은 최초 플라스틱을 발명한 것이다. 베이클라이트는 최초 순수 합성 플라스틱이자 모든 현대 플라스틱의 전신이다.

초기 플라스틱은 천연 원료로 만들었다. 완전한 합성 플라스틱을 만들기까지 40년이 걸렸다. 베이클랜드는 페놀-포름알데히드 반응 기술을 발전시켜 자연 상태에서는 발견하지 못한 플라스틱 베이클라이트를 처음 발명했다. 이는 절연체이자 열에 강하고 수명이 길어 명품이 됐다.*(편집자 주)

현재 베이클라이트는 전기 산업에서는 절연체로, 자동차 산업에서는 내열성과 내구성이 뛰어난 소재로 사용하고 있다. 여러 섬유 소재가 첨가돼 강화된 베이클라이트는 전구 소켓, 스피커, 사무용품, 라디오, 조명 스위치, 전화기, 냄비와 프라이팬 손잡이 만들 때도 사용한다. 또한 당구공의 훌륭한 소재라는 것도 밝혀졌다. 베이클라이트로 만든 대부분 물건은 보통 갈색 또는 검은색이다. 왜냐하면 이 플라스틱은 검게 변하는 속성이 있어 생산 과정에서 어두운 색으로 염색하기 때문이다. 게다가 베이클라이트는 둥근 틀에서만 쉽게 분리되는 탓에 물건 모서리나 가장자리가 대부분 날카롭지 않다.

이러한 신소재의 특성은 20세기 중반까지 제품 디자인과 사회적인 취향에 큰 영향을 미쳤다.'

오늘날 베이클라이트는 프라이팬 손잡이 같이 내열성이 특별히 요구되는 경우에만 쓴다. 다른 플라스틱이 개발되면서 훨씬 더 우수하고 다양한 특성을 가진 다채로운 색깔을 지닌 플라스틱이 베이클라이트를 대체하고 있다. 하지만 이 모든 것은 베이클라이트의 발견에 뿌리를 두고 있다. 지금 베이클라이트로 만든 많은 일상용품은 인기 있는 수집품이 됐다.

플라스틱은 언제 나타났을까

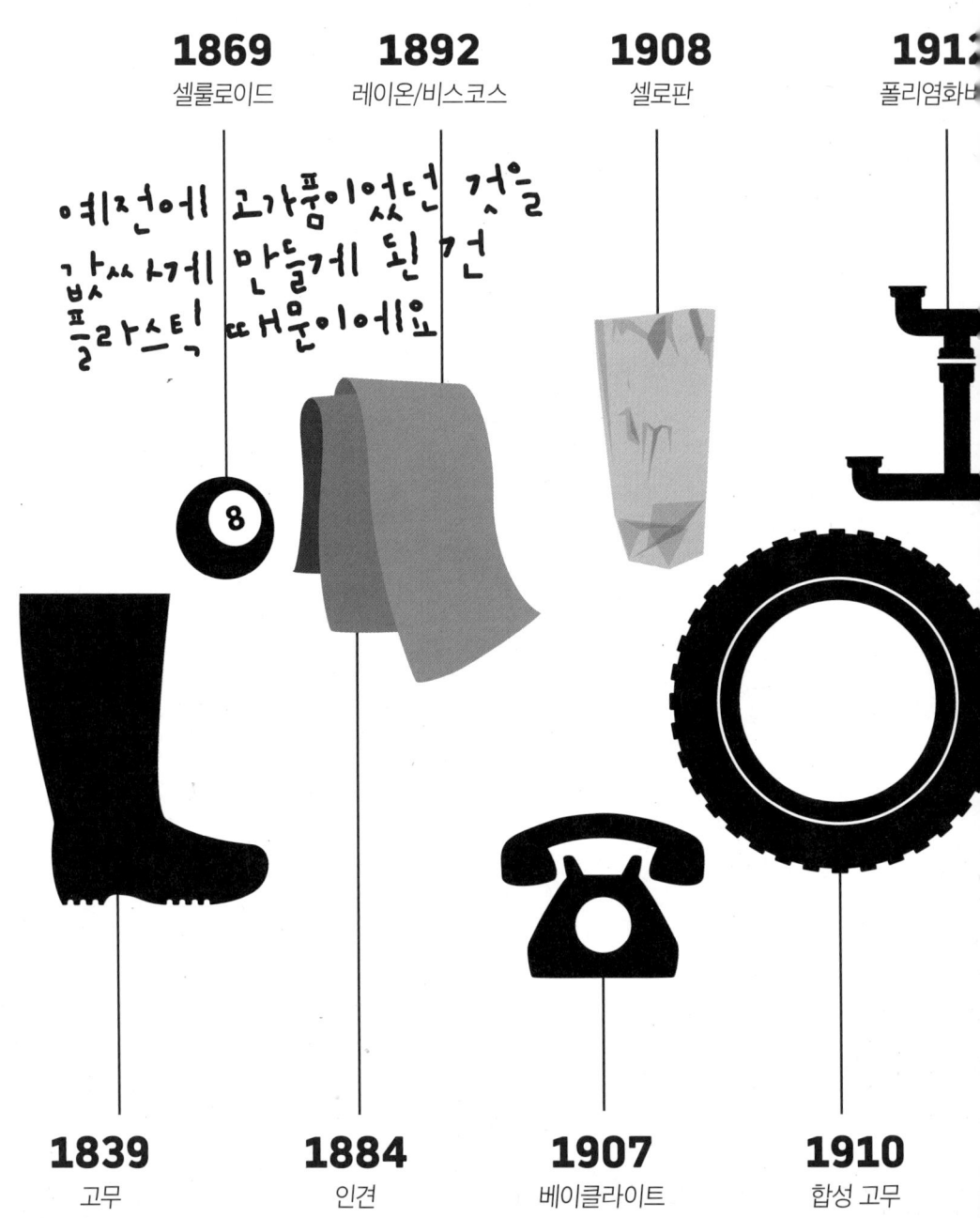

1869 셀룰로이드
1892 레이온/비스코스
1908 셀로판
1912 폴리염화비닐

예전에 고가품이었던 것을 값싸게 만들게 된 건 플라스틱 때문이에요.

1839 고무
1884 인견
1907 베이클라이트
1910 합성 고무

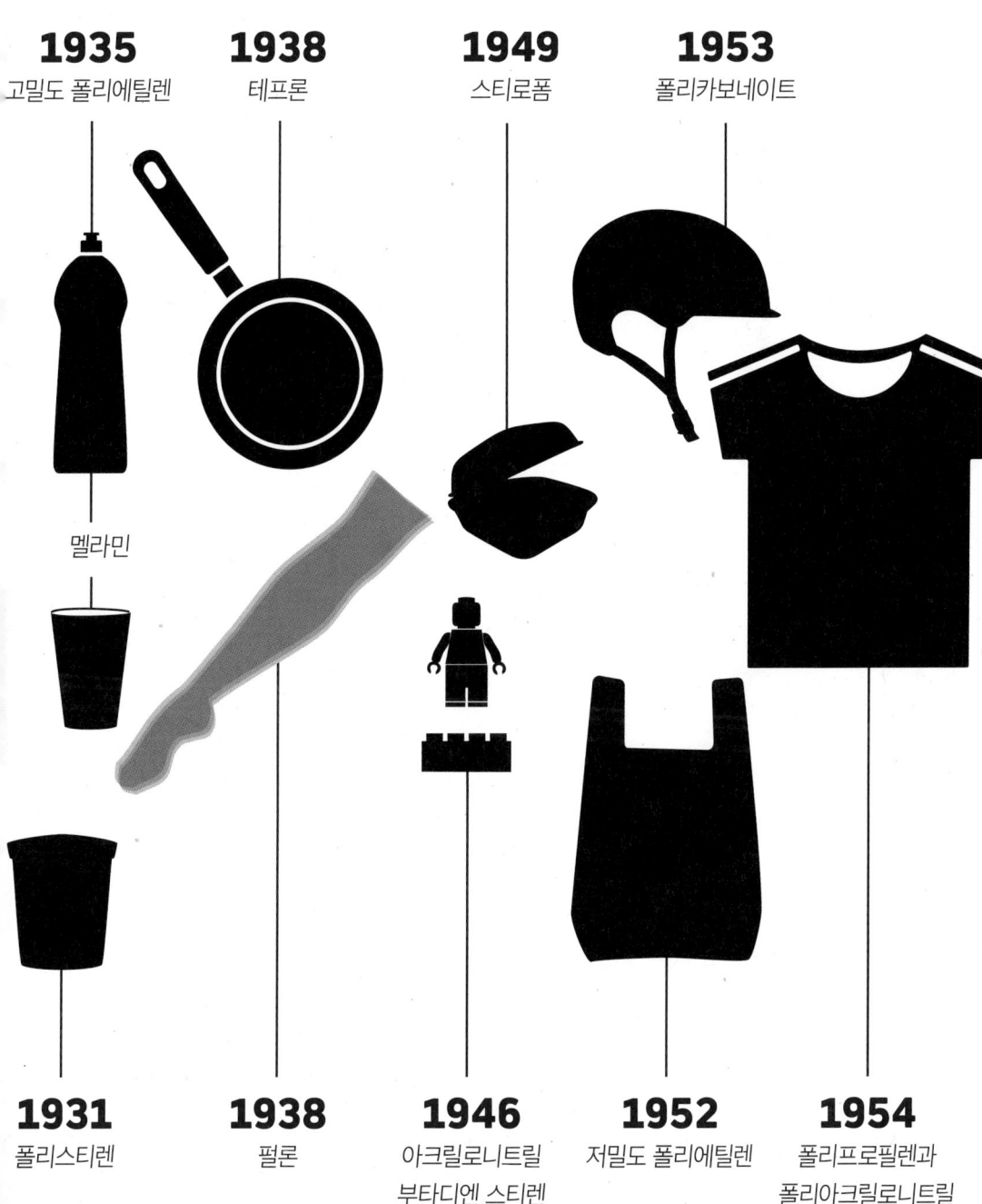

41 플라스틱은 얼마동안 사용할까?

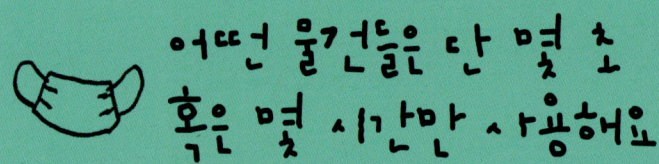

어떤 물건들은 단 몇 초 혹은 몇 시간만 사용해요

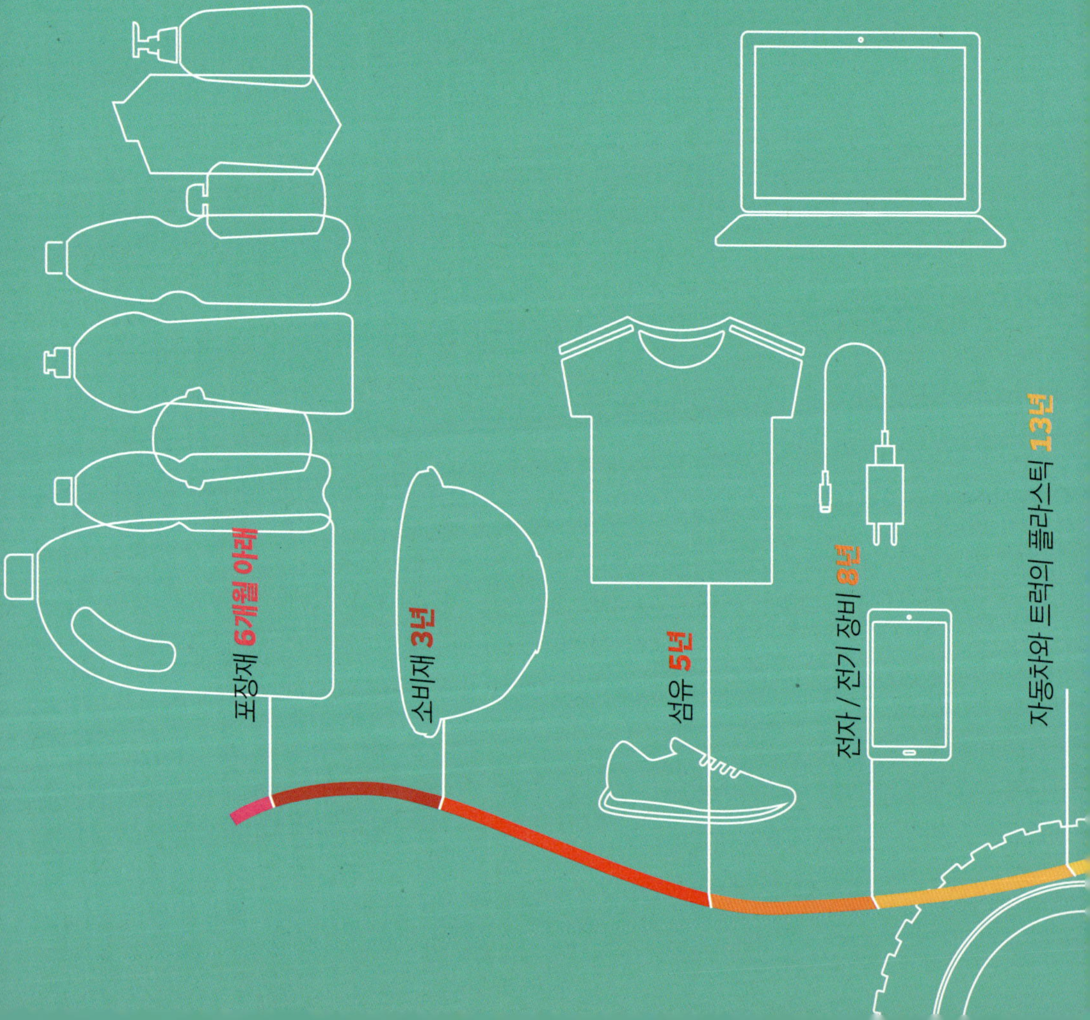

포장재 6개월 이하
소비재 3년
섬유 5년
전자/전기 장비 8년
자동차와 트럭의 폴리스틱 13년

산업별 플라스틱 사용 기간

21 플라스틱은 무엇을 위해 사용될까?

20년 산업 기계

35년 건축 폴리스틱

바다에 얼마나 많은 플라스틱이 있을까

플라스틱 뚜껑은 해수면에 떠다녀요

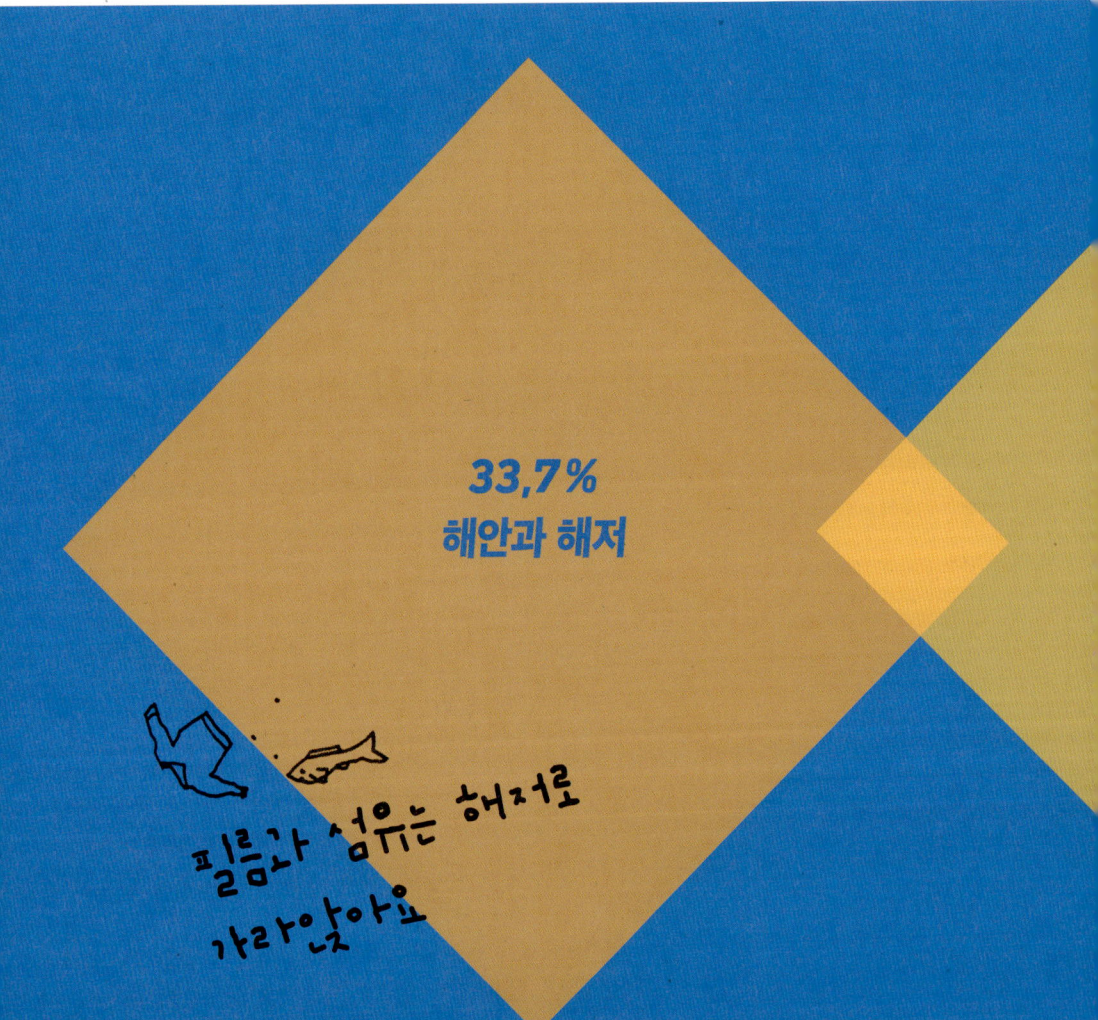

33.7%
해안과 해저

필름과 섬유는 해저로 가라앉아요

매우 작은 부분만 눈에 보일뿐

↘ **44** 바다 쓰레기는 어디에서 오는 걸까?

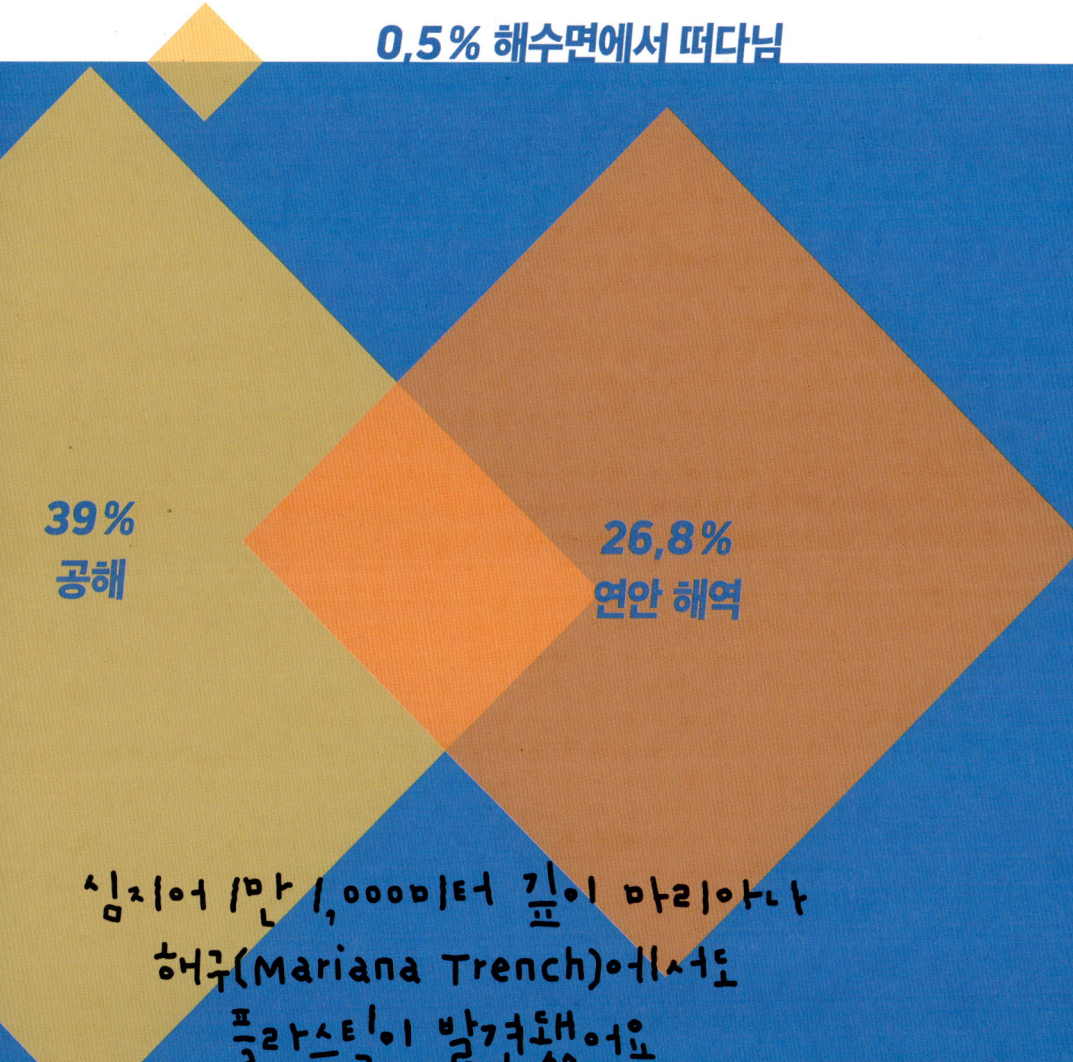

0.5% 해수면에서 떠다님

39%
공해

26.8%
연안 해역

심지어 1만 1,000미터 깊이 마리아나 해구(Mariana Trench)에서도 플라스틱이 발견됐어요

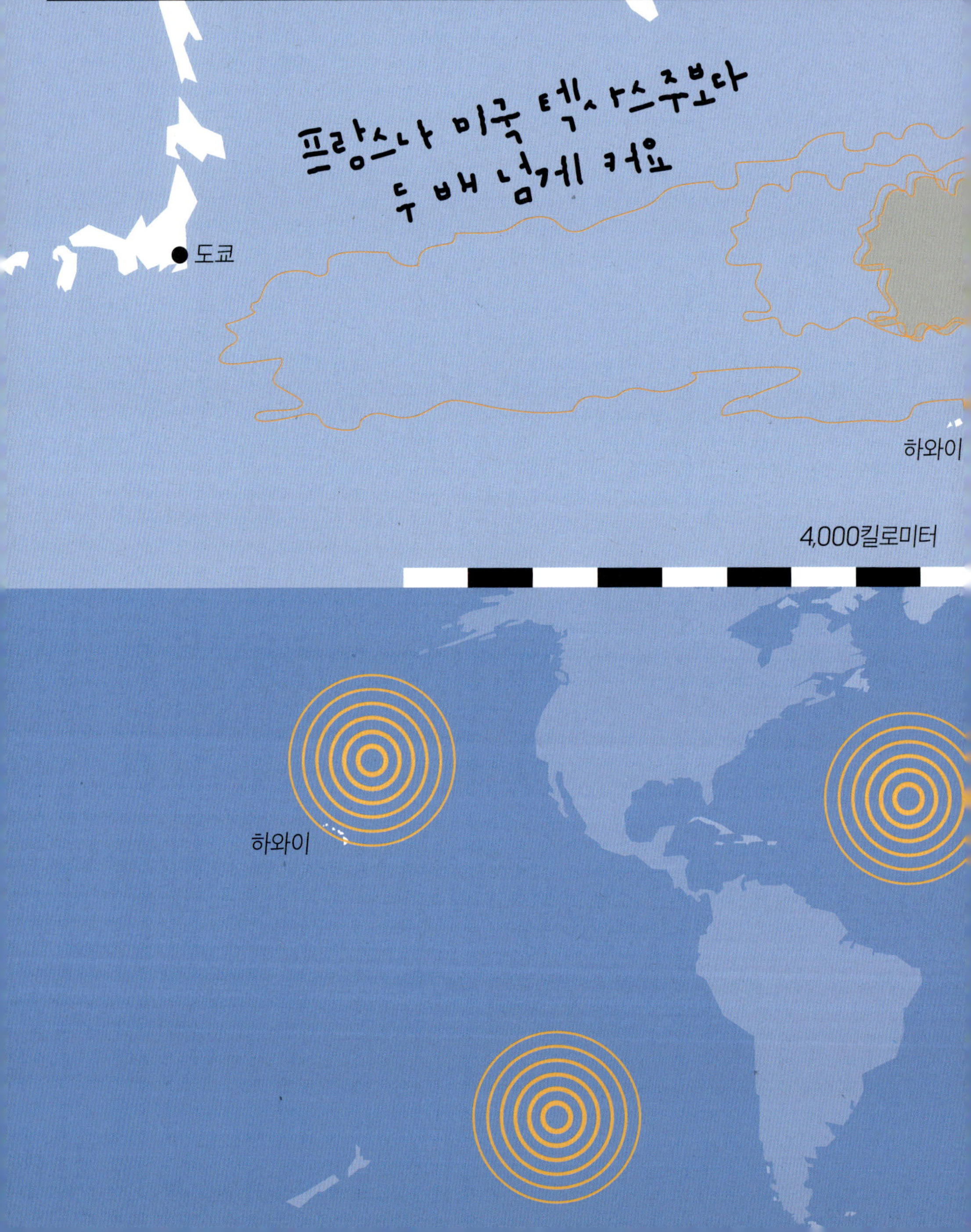

바다 쓰레기는 어디에 있을까

프랑스나 미국 텍사스주보다
두 배 넘게 커요

● 도쿄

하와이

4,000킬로미터

하와이

태평양 거대 쓰레기 지대

47 바다에서 플라스틱을 없앨 수 있을까?

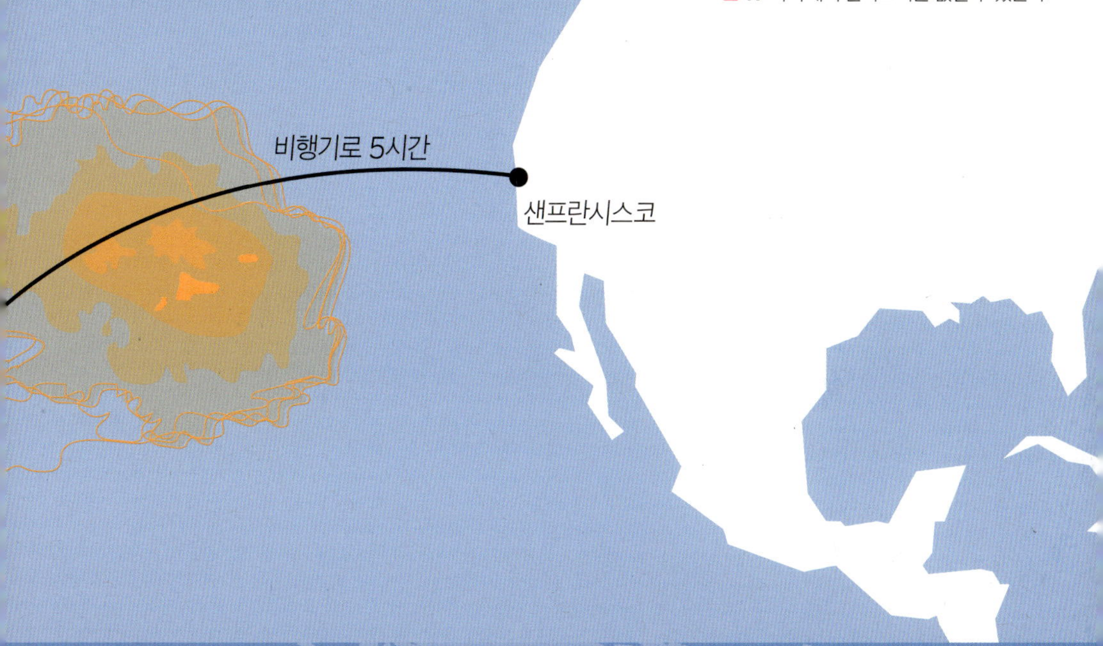

비행기로 5시간

샌프란시스코

가장 큰 5개 쓰레기 지대 위치

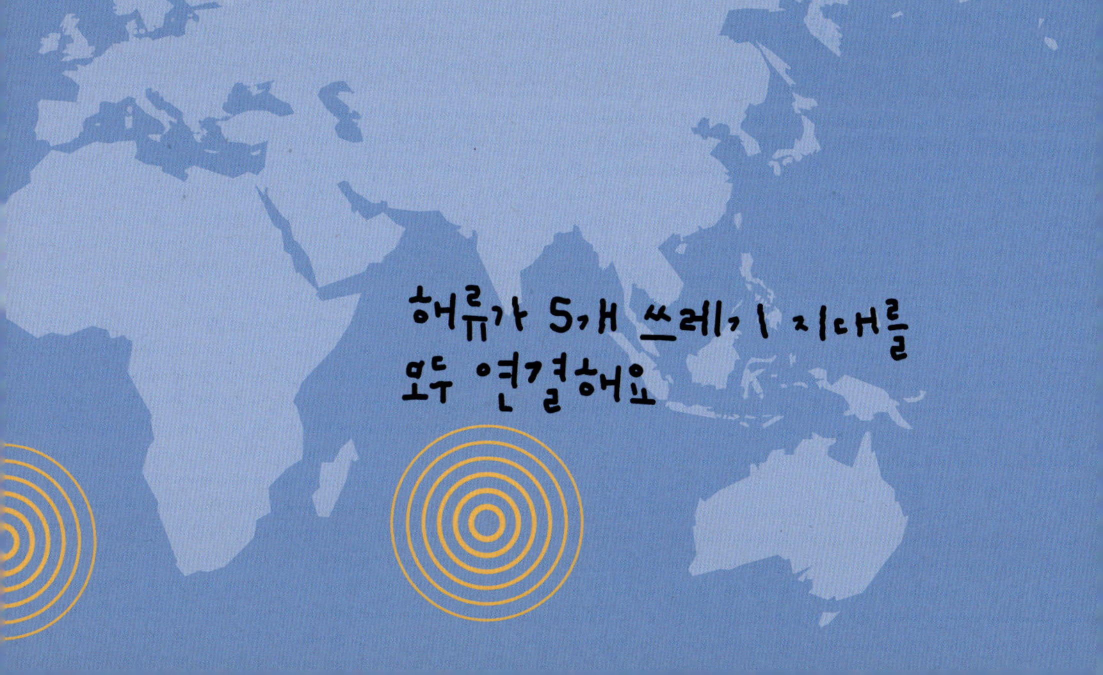

해류가 5개 쓰레기 지대를
모두 연결해요

바다 쓰레기는 어디에서 오는 걸까

비닐봉지는 가벼워
쉽게 이동해요
어디에나 떠돌아 다녀요

바람, 강, 하수를 통해 육지에서
흘러든 플라스틱

80%
지중해에서 수집된 데이터

플라스틱은 해수면 위를 떠다니거나 해저로 가라앉는다

↘**42** 바다에 얼마나 많은 플라스틱이 있을까?　↘**48** 플라스틱은 어떻게 바다로 흘러들어갈까?

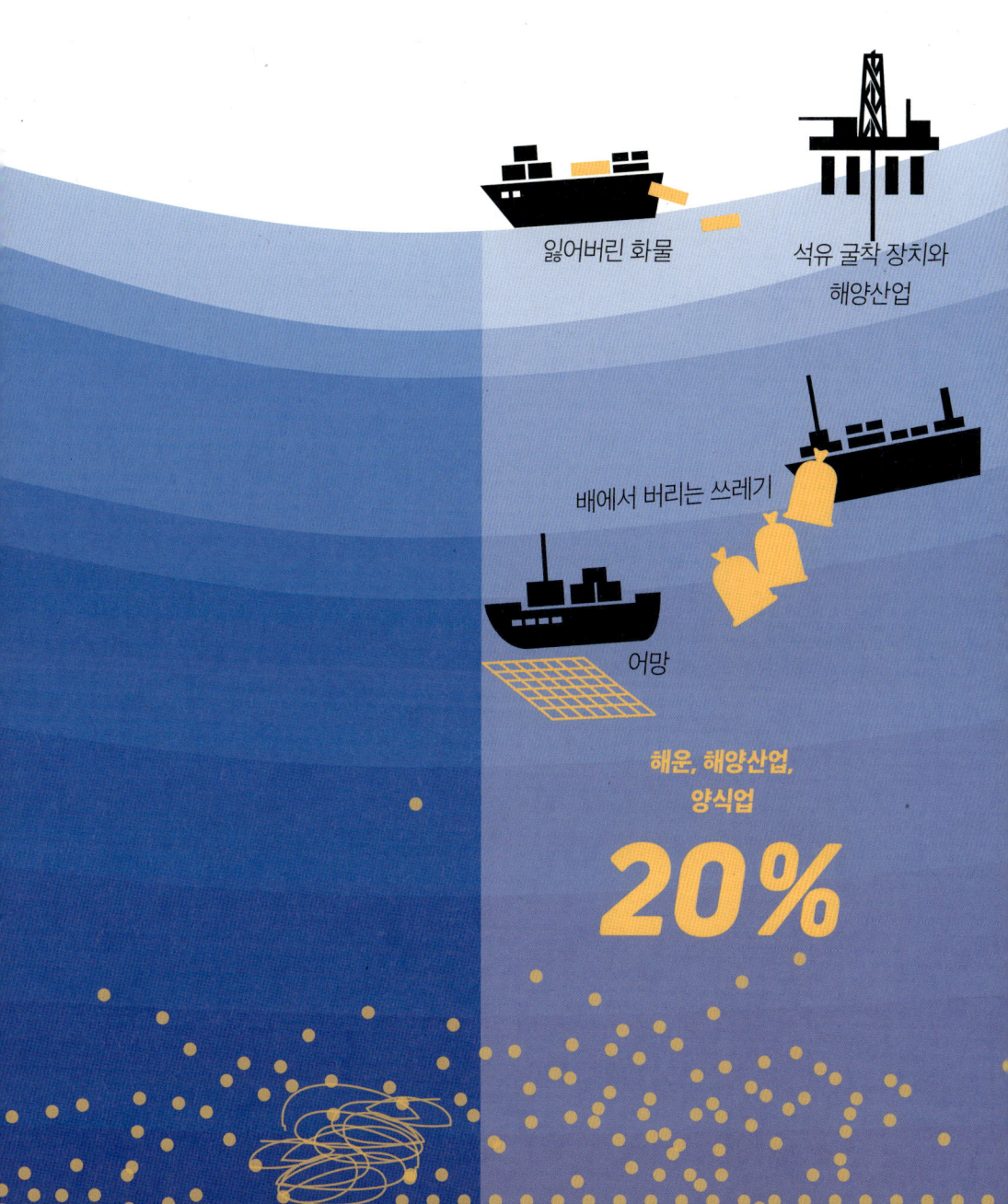

플라스틱은 바닷새를 어떻게 위협할까?

새들의 뱃속에는 어떤 플라스틱이 얼마나 들어 있을까?

새들은 플라스틱을 먹이로 착각해 새끼에게 먹여요

폴리에틸렌 66%
1%
폴리프로필렌

풀머갈매기 95퍼센트는 뱃속에 플라스틱이 들어 있다

↘ **6** 플라스틱은 바다 생물에게 어떠한 영향을 미칠까? ↘ **11** 플라스틱에는 어떤 종류가 있을까?

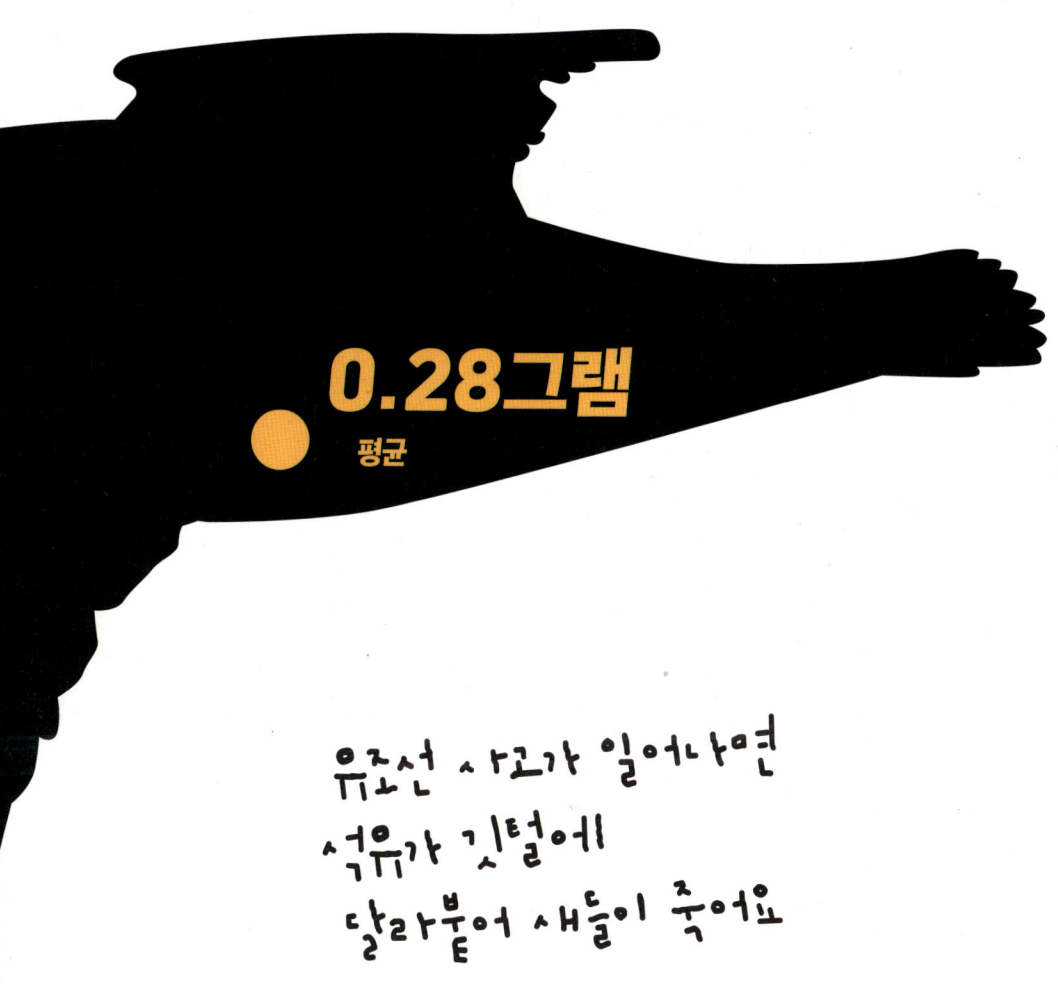

0.28그램
평균

유조선 사고가 일어나면
석유가 깃털에
달라붙어 새들이 죽어요

풀머갈매기는 길이가 45~53센티미터, 무게는 650~1,000그램, 날개 길이는 101~117센티미터다.

새들은 어떻게 뱃속에 플라스틱이 가득한 채 날게 됐을까

어린 알바트로스에게 일생일대의 순간은 처음으로 하늘로 날아오르기 위해 발돋움을 하는 순간이다. 기회는 오직 한 번뿐이다. 첫 비행 시도가 순조롭게 진행되면 알바트로스는 60년 넘게 살 수 있고 오랜 기간 동안 번식활동을 하며 살 수 있다. 레이산(Laysan) 알바트로스 과(科)의 한 암컷은 67살에 알을 부화시키는 데 성공했다. 하지만 비행 시도가 실패하면 어린 알바트로스는 물에 빠져 죽거나 둥지에 남겨져 결국 굶어 죽게 된다. 해변에서 서서히 부패하는 바닷새의 사체는 왜 이들이 슬픈 운명을 맞이하게 됐는지 보여 준다. 죽은 새들의 뱃속에 플라스틱이 가득 차 있기 때문이다.

알바트로스는 아름답고 전설로 남을 동물이다. 세계에서 비행이 가능한 조류 가운데 가장 큰 날개를 가진 알바트로스는 착륙하지 않고 가장 오래 날 수 있는 새다. 날개 길이는 최대 3.5미터에 달한다. 이 새는 적은 날갯짓으로도 바람에 몸을 실어 남반구 바다 위를 날마다 수천 킬로미터씩 비행한다. 하늘을 나는 새 가운데 이렇게 지구 전체를 나는 새들이 많다. 과거에 뱃사람들은 알바트로스를 물에 빠져 죽은 선원의 영혼이라고 생각했다. 이는 전설에나 나올 법한 새가 며칠 또는 몇 주 동안 계속해서 배를 따라다니는 경우가 많았기 때문이다. 심지어 알바트로스는 공중에서 잠을 자기도 한다.

알바트로스가 많이 사는 서식지 가운데 하나는 일본과 캘리포니아 사이 태평양에 있는 미드웨이(Midway) 섬들로, 미국 본토로부터 3,000킬로미터 떨어져 있다. 이 섬들은 플라스틱 쓰레기로 뒤덮인 넓은 태평양 쓰레기 지대 가장자리에 위치해 있으며, 섬 가운데 하나는 하와이어로 피헤마누(Pihemánu)라고 불린다. 피헤마누는 '새들의 큰 울음소리'라는 뜻이다.

이제는 폐허가 된 옛 미 공군 기지가 있는 섬에는 해마다 백만 마리 넘는 검은발 알바트로스(black-footed albatross)와 레이산 알바트로스가 짝짓기와 산란을 위해 모여든다. 새들은 이 짝짓기와 산란 과정을 위해 많은 시간을 보내는데, 어린 알바트로스들은 처음으로 짝짓기 하고 알을 부화하기 전까지 해마다 이곳에 모인다. 이들을 매혹하는 구애춤은 단순히 적합한 짝을 선택하기 위한 것만은 아니다. 수년 동안 연습한 이 춤은 새들이 서로를 더 잘 알아가는 데 도움이 된다. 입을 벌리고, 부리를 부딪치고, 머리를 숙이는 것으로 시작해 두 새가 마치 싱크로나이즈 춤을 추는 것처럼 서로의 움직임을 정확히 따라 하는 것으로 끝난다. 평생을 함께 살면서 서로를 의지하며 새끼를 키워야 하는 알바트로스에게 짝짓기는 좋은 동반자를 찾기 위한 중요한 과정이다.

암컷은 1년에 딱 한 번 알을 한 개만 낳기 때문에 잘못될 가능성은 높지 않다. 알바트로스 부부의 분업은 부화 때부터 시작된다. 두 마리 알바트로스 가운데 한 마리는 추위, 폭풍우, 더운 날씨에도 배고픔과 갈증을 참아가며 알을 지키고, 다른 한 마리는 며칠 동안 바다에 먹이를 구하러 다닌다. 두 달이 지나면 새끼 알바트로스가 부화하는데, 부화 과정은 이틀 정도 걸린다. 부모 알바트로스가 이를 도와줄 수도 있지만, 새끼가 딱딱한 껍질을 깨고 스스로 알에서 나오는 힘을 기르는 것이 중요하기 때문에 도와주지 않는다. 부모는 자신의 튼튼한 부리로 새끼 새를 격려하고 사랑스럽게 쓰다듬는 것으로 자신의 역할을 다한다. 이들은 앞으로 몇 달 동안 모든 시간을 새끼에게 먹이를 주는 데 쓸 것이다. 부모 알바트로스는 며칠 동안 수천 킬로미터를 날아 먹이를 배에 가득 채우고 돌아와 미리 소화시킨 먹이를 새끼 부리에 넣어준다.

어린 알바트로스 새들의 죽음

6 플라스틱은 바다 생물에게 어떠한 영향을 미칠까?

알바트로스는 수백만 년 동안 이렇게 살아왔으며, 바다는 이 새에게 항상 건강하고 신선한 먹이를 제공해 왔다. 알바트로스는 본능에 따라 바다를 믿어왔다. 하지만 이들은 수십 년 동안 바다가 플라스틱 쓰레기로 가득 차게 되었다는 것을 모른다. 또한, 수 마일에 달하는 낚싯줄에 달린 미끼에 걸릴 수 있다는 것을 모른다. 알바트로스는 오징어나 갑각류뿐만 아니라 칫솔, 병뚜껑, 플라스틱 포크를 먹을 수도 있는데, 자기가 새끼에게 준 먹이가 새끼들의 연약한 점막을 손상시킬 수 있다는 것도 모른다.

7개월이 지나면 부모로서 일은 끝나고 바다로 돌아간다. 이제부터 새끼들은 스스로 먹이를 구해야 하며, 다음에는 수십 킬로미터 떨어진 곳으로 먹이를 찾으러 가야 할지도 모른다. 수십만 마리 어린 알바트로스가 날개를 활짝 펴고 바닷가에 서 있다. 이들은 모두 날아오르는 데 적절한 바람을 기다리고 있다. 어린 알바트로스가 날아오르는 데 성공하면 앞으로 3~5년 동안 바다에서 지내다가 짝짓기를 위해 섬으로 다시 돌아올 것이다. 반면에 비행 시도를 실패해 파도 위로 떨어지게 되면 물에 빠져 죽는 것이다. 이들의 날개는 충분히 튼튼할까?

그런데, 어린 알바트로스들은 첫 비행을 하기 전 해야 할 중요한 일이 한 가지 더 있다. 이들은 뱃속에서 아직 소화하지 못한 모든 것을 비워야 한다. 그렇지만 부모가 먹인 딱딱한 물체가 너무 크거나 날카로워 뱉지 못하면 어떻게 될까? 날카로운 플라스틱 조각이나 펠트, 로션통이 좁은 목구멍에 걸린다면? 이것은 수천 마리 어린 새들에게 일어나는 일이며, 이것은 어린 새들에게 사형선고와도 같다. 어린 알바트로스들은 하늘로 날 수 없어 육지에 머물다가 천천히 고통스러운 죽음을 맞이한다.

사진작가 크리스 조던(Chris Jordan)은 피헤마누의 레이산 알바트로스를 기록한 사진 연작으로 만들었다. 그는 이 섬을 한 번만 방문할 계획이었지만, 배에 플라스틱이 가득한 채로 죽은 어린 새들을 보고 큰 충격을 받아 그 뒤 다큐멘터리 사진 촬영을 위해 여러 번 이곳을 다시 방문했다. 섬에는 천적이 없었기 때문에 알바트로스는 크리스를 믿고 아주 가까이 다가가 카메라로 촬영할 수 있도록 허락했다. 알바트로스의 진정한 적(敵)은 해수면 상승, 점점 더 거세지는 폭풍우, 현대식 어업, 그리고 바다에 버려진 플라스틱 쓰레기다.

(독일 헬고란트 섬의 갈매기 서식지를 조사한 결과, 둥지 97퍼센트가 플라스틱 쓰레기였다. 특히 어망, 노끈, 밧줄 조각이 가장 많았다. 닻줄이나 포장재도 있었다. 헬고란트 섬에서 다치거나 죽은 갈매기 3분의 1은 플라스틱 때문이었다. 이렇게 죽은 갈매기 비율이 몇 년 새 2배에서 5배까지 늘어났다. 북해에서 떠내려 온 죽은 풀마갈매기 95퍼센트의 위장에서 플라스틱이 발견됐다. 풀마갈메기는 번식기를 빼고는 주로 바다에서만 살아간다. 먹이인 줄 알고 삼킨 플라스틱 쓰레기가 위장에 가득 차 염증을 일으키거나 영양분을 섭취하지 못해 굶어 죽는다. *편집자 주)

바다에서 플라스틱을 없앨 수 있을까

바다에 떠다니는 쓰레기는 아주 작은 부분일 뿐

↘**42** 바다에 얼마나 많은 플라스틱이 있을까? ↘**55** 라벨은 어떻게 거짓말을 하고 있을까?

근본 문제를 해결하지 않는
잘못된 방식이 왜 이렇게
사람들의 관심을 받는 걸까요?

플라스틱은 어떻게 바다로 흘러들어 갈까?

미세플라스틱은 어디에서 오는 걸까

1차 미세플라스틱
화장품, 세제, 의약품 포함

2차 미세플라스틱
마모, 분쇄, 분해로 만들어짐

25그램
77그램
109그램
303그램
1,229그램

매크로플라스틱
5밀리미터 보다 큰

라지 미세플라스틱
1-5밀리미터 사이

미세플라스틱
0.001-1밀리미터 사이

나노플라스틱
1000분의 1밀리미터 보다 작은

018년 독일 한 사람에 해당하는 양

↘ **14** 플라스틱은 왜 위험할까? ↘ **15** 화장품 어디에 플라스틱이 들어 있을까?

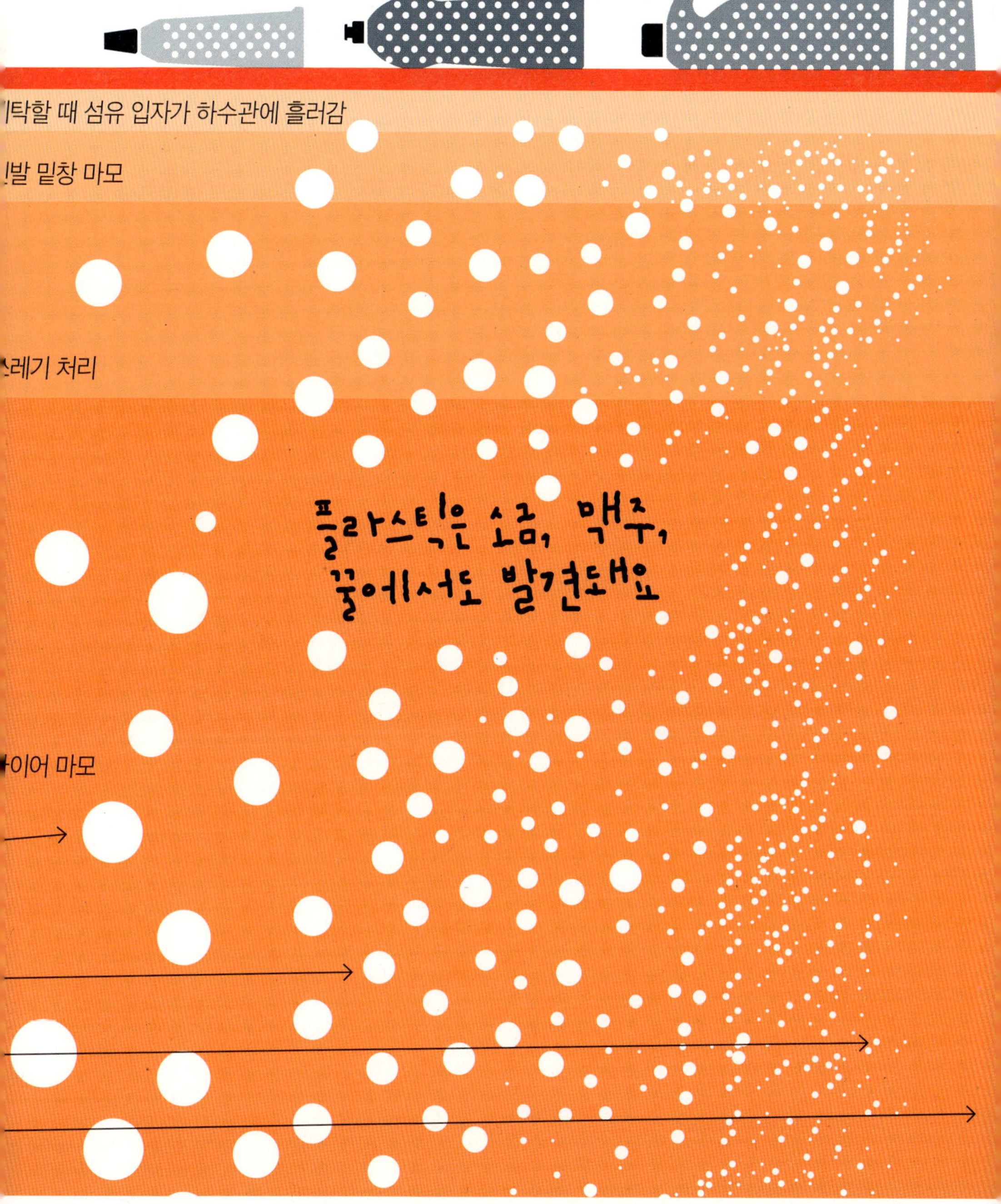

|탁할 때 섬유 입자가 하수관에 흘러감

|발 밑창 마모

|레기 처리

플라스틱은 소금, 맥주,
꿀에서도 발견돼요

|이어 마모

흙 속 플라스틱은 어디에서 오는 걸까

농업과 원예를 통해 흙에 들어가는 플라스틱의 정확한 양은 알 수 없다. 하지만 약 2,000톤에 이르는 플라스틱이 퇴비와 하수 슬러지(오니, 바닥에 쌓인 오염된 펄흙)를 통해 흙에 들어가는 것으로 보인다.

독일의 한해 플라스틱 양

↘ **49** 미세플라스틱은 어디에서 오는 걸까?   ↘ **51** 플라스틱은 어떻게 흙에 들어간 걸까?

흙은 바다만큼 오염됐어요
하지만 이에 대한 연구가
아직 많이 없어요

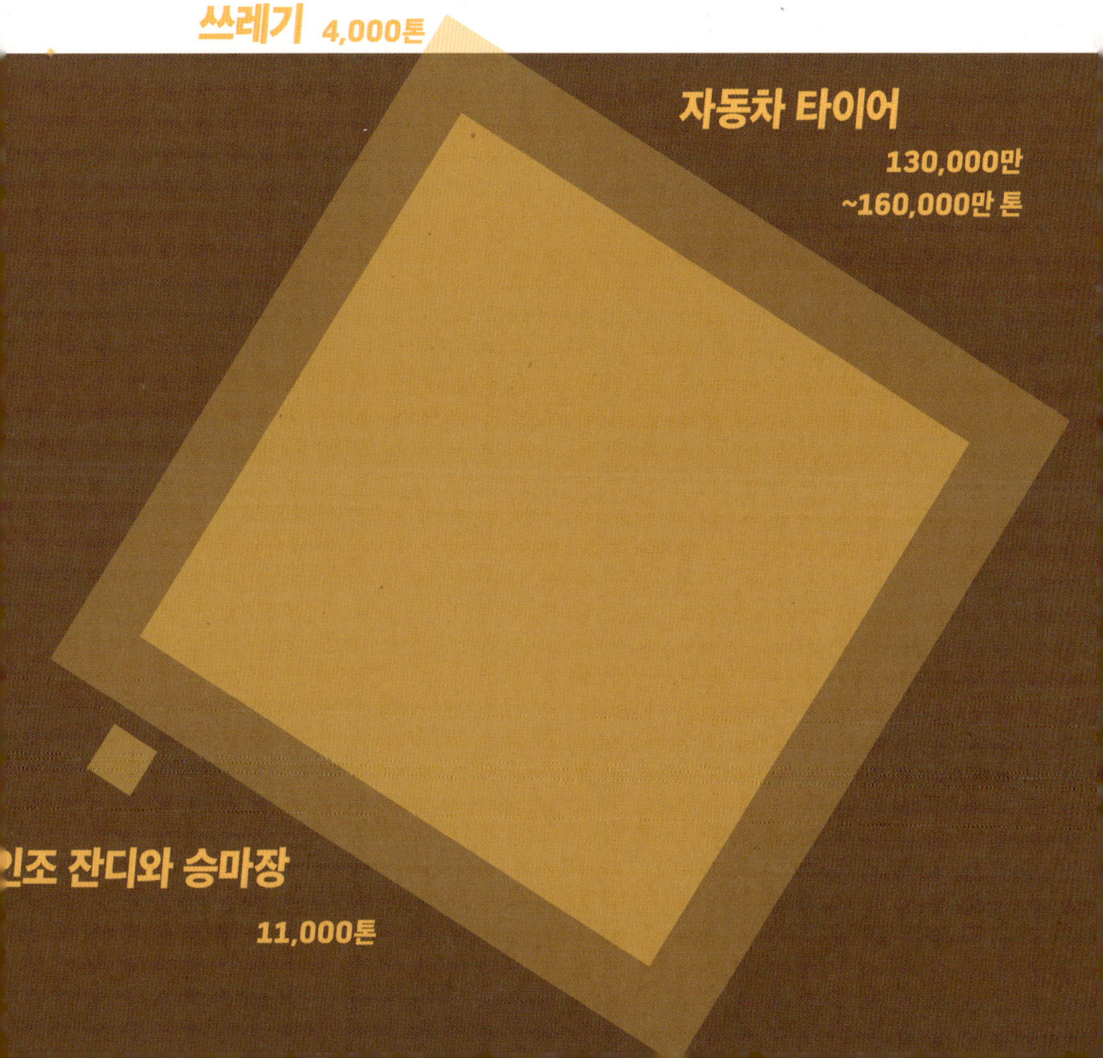

쓰레기 4,000톤

자동차 타이어
130,000만
~160,000만 톤

인조 잔디와 승마장
11,000톤

플라스틱은 어떻게 흙에 들어간 걸까

옷을 세탁할 때마다 옷에서 작은 섬유 입자가 떨어져 나온다. 한 시간 동안 세탁기 드럼은 수백 번 회전한다. 세탁기에 물을 넣으면 옷에 있는 물질이 마찰되어 떨어져 나간다. 특히 푹신한 털 소재 스웨터나 재킷은 더 많은 미세플라스틱을 물 속으로 내보낸다.

이와 같은 모든 생활 폐수는 칫솔모, 화장품 같은 용품에서 나온 미세플라스틱과 함께 하수처리장에 모인다. 세탁기와 변기에서 나오는 물도 마찬가지로 하수처리장으로 간다.

하수처리장에서 물이 걸러지지만, 처리장의 필터가 미세플라스틱을 걸러낼 만큼 정밀하지는 않다.

남는 것은 곧 하수 슬러지(오니)인데, 여기에는 농업에 필요한 미네랄 뿐 아니라 미세플라스틱도 들어 있다. 이 하수 슬러지를 농업에 사용하면서 미세플라스틱이 농경지로 흘러 들어간다.

유기성 폐기물(농업 부산물, 가축분뇨, 생활하수 오니, 음식물 쓰레기 같은

섬유

하수처리장

하수 슬러지

흙에 버려지는 대부분 물건들은 플라스틱이 들어 있다

↘**50** 흙 속 플라스틱은 어디에서 오는 걸까? ↘**53** '생분해성' 플라스틱은 있는 걸까?

기물*옮긴이 주)은 풀이나 낙엽과 어 놓으면 자연스럽게 퇴비가 되고, 엽토가 된다. ('바이오플라스틱'도 기성 폐기물로 분류하는 탓에 퇴비에 남고 결국 흙과 섞이게 된다.* 자 주). '바이오플라스틱'은 이 유기성

폐기물에 남아 있다. 유기성 폐기물이 충분히 퇴비화가 되지 않을 경우, 여기에 남아 있는 플라스틱이 그 뒤 어떻게 더 분해되는지는 알 수가 없다. 그 결과, 밭에서 흙을 비옥하게 하는 데 사용되는 부엽토에도 플라스틱과 미세플라스틱이 포함돼 있을 수 있다.

씨앗, 흙, 토탄(이탄, 습지에 오랜 기간 쌓여 만들어진 유기물), 묘목 같이 배송되는 모든 것이 플라스틱으로 포장돼 있다. 심지어 어떤 나무들은 플라스틱 포장 그대로 심는 경우도 많다. 플라스틱 용기와 필름은 열과 물을 저장하는 데 매우 효과 있어 발아와 성장을 촉진하고 해충을 막아주기도 한다. 하지만 이렇게 땅에 묻힌 플라스틱 포장재는 오랫동안 흙에 남아 있게 된다.

부엽토

씨앗과 비료

얼마나 많은 플라스틱이 우리가 먹는 음식에 들어 올까요?

우리는 얼마나 많은 플라스틱을 먹고 있을까

일주일에 약 5그램 - 신용카드 한 장 무게

미세플라스틱은 몸 속으로도 들어온다

↘ **49** 미세플라스틱은 어디에서 오는 걸까?

미세플라스틱은 폐와
*태반에서도 발견돼요

일 년에
약 250그램 -
접시 한 가득

*태반은 산모의 자궁에 연결된 원반 모양 기관으로 태아의 배꼽과 탯줄로 연결된다. 산모의 산소와 양분을 태아로 전달하고, 태아의 이산화탄소와 노폐물을 산모에게 전달한다. 아이를 낳을 때 함께 배출된다. *편집자 주

'생분해성' 플라스틱은 있는 걸까

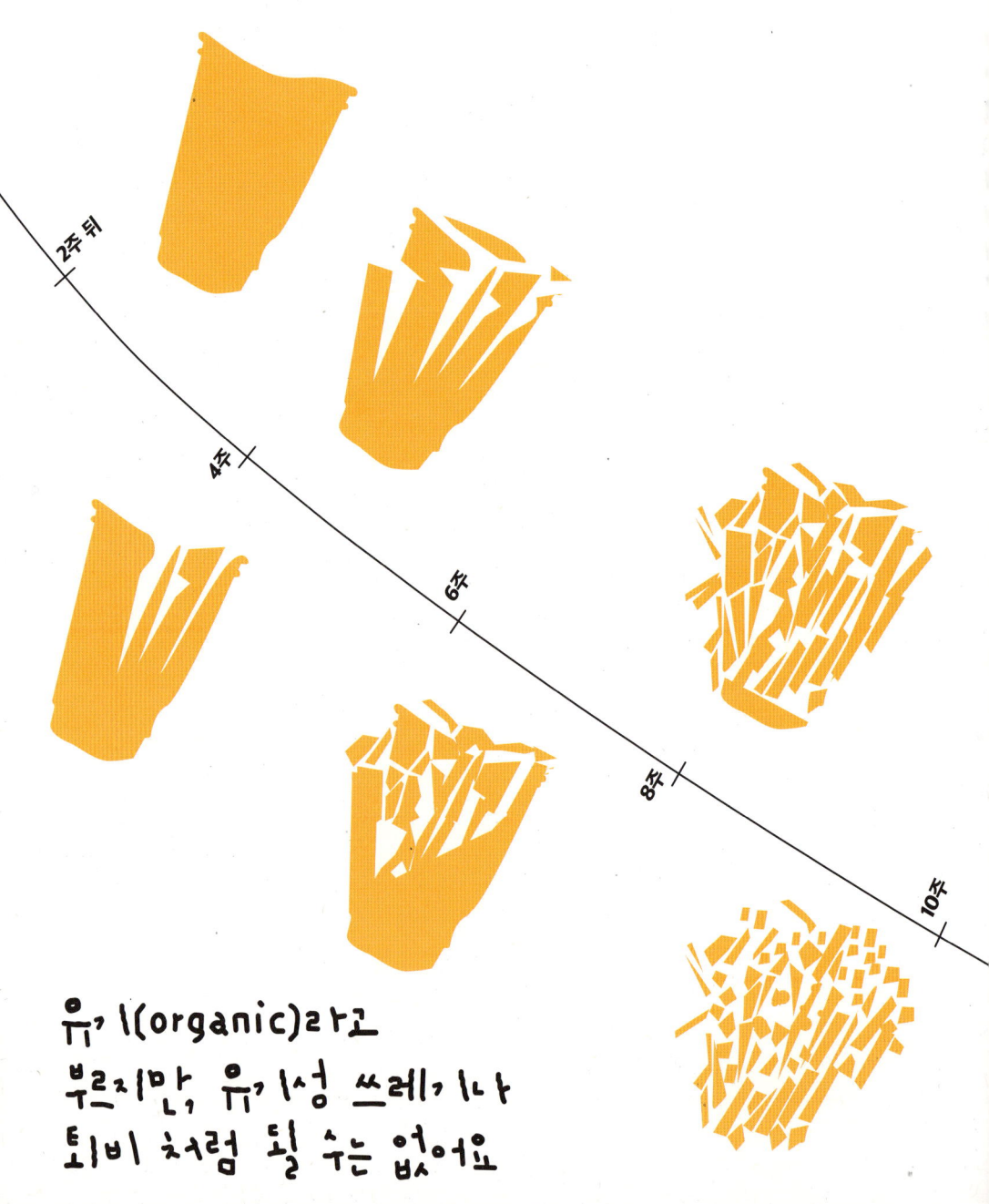

유기(organic)라고
부르지만, 유기성 쓰레기나
퇴비 처럼 될 수는 없어요

생분해성 플라스틱은 잔류물을 남긴다

↘ **13** 첨가제는 무엇일까? ↘ **54** '바이오'를 원료로 한 플라스틱이란 무엇일까?

어떤 플라스틱이 '생분해성'인가 아닌가는 유럽연합(EU) 인증으로 결정된다. 플라스틱이 공장식 퇴비화 과정을 거치고 12주가 지난 뒤, 2밀리미터 넘는 플라스틱 조각이 ○퍼센트 아래가 되면 비로소 '생분해성' 인증을 받는다. 그 잔여물이 얼마 동안 또는 어떤 조건에서 분해되는지에 대해서는 아직 조사되지 않아 분명하지 않다. 공장식 퇴비화 과정에서 생분해성 플라스틱은 산소의 영향을 받아 이산화탄소와 물로 분해된다. 이 플라스틱에는 첨가제도 들어 있는데, 이 첨가제 역시 퇴비 속에 남는다.

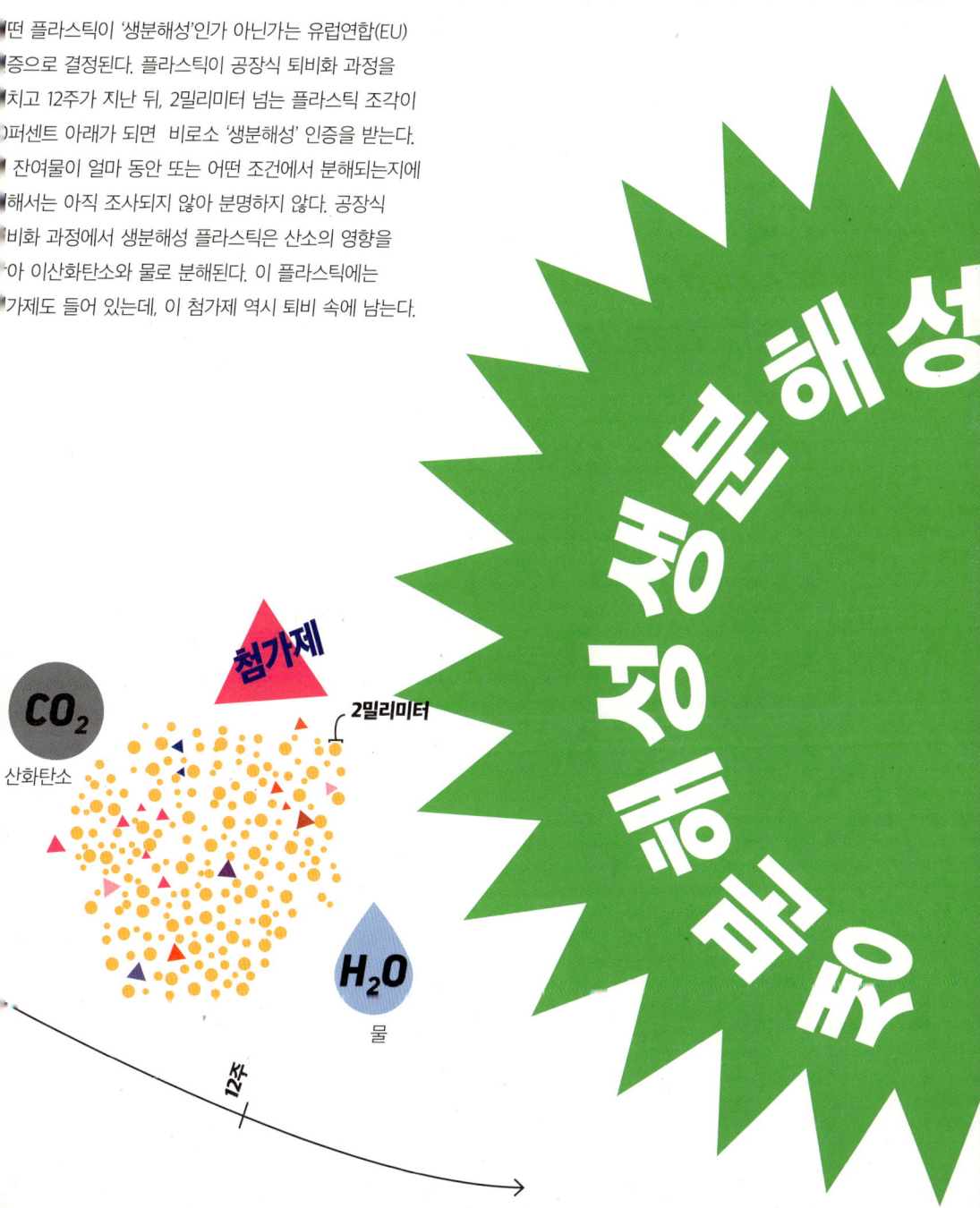

'바이오'를 원료로 한 플라스틱이란 무엇일까

옥수수 같은 식물들도 플라스틱 만드는 데 사용된다. 음식으로 쓸 옥수수가 줄어든다는 뜻이

감자, 사탕수수, 옥수수와 같은 식재료로 만들어진 플라스틱

↘ **13** 첨가제는 무엇일까? ↘ **53** '생분해성' 플라스틱은 있는 걸까?

첨가제

녹말가루

플라스틱을 만드는 데
필요한 원료를 재배할 수 있는
경작지는 세계에
충분하지 않아요

라벨은 어떻게 거짓말을 하고 있을까

포장이 없으면 광고 공간도 없어요

해양 플라스틱 또는 바다 플라스틱
기대: 이 제품들을 사면 바다 플라스틱 쓰레기를 줄이는 데 도움이 된다. 사실: 이 제품들은 해변이나 해안, 바다에서 모은 플라스틱 쓰레기로 만들어지는데, 사실 이 쓰레기는 아주 적은 양만 건져 올릴 수 있으며 모두 독성 첨가제가 들어 있다.

100% 재활용 플라스틱
기대: 이 플라스틱은 재활용을 위해 별도로 모은 중고 제품을 활용해 생산한다.
사실: 일부 국가에서는 페트병만 보증금 제도를 통해 분리수거한다. 재활용 플라스틱 대부분은 최종 제품이 아닌 병 생산 과정에서 생기는 쓰레기로 만들어진다. 그렇기 때문에 이것은 재활용 플라스틱이 아니라 새롭게 만든 플라스틱이라고 할 수 있다.

우리가 물건을 구입할 때 더 나은 기분을 들게 하는 전략

↘**33** 페트(PET)는 어떻게 재활용될까? ↘**47** 바다에서 플라스틱을 없앨 수 있을까?
↘**53** '생분해성' 플라스틱은 있는 걸까? ↘**54** '바이오'를 원료로 한 플라스틱이란 무엇일까?

바이오플라스틱
기대: 이 제품은 다른 플라스틱 제품보다 환경에 더 좋다.
사실: 용어가 모호하다. '생분해성 플라스틱'과 '바이오 바탕 플라스틱'이 있는데, 모두 화학물질을 포함하며, 플라스틱 위기를 해결할 진짜 방법이 될 수 없다.

재활용 가능
기대: 재활용이 가능한 포장재는 또다시 재활용될 것이다. 사실: 재활용 가능 여부가 실제로 재활용이 이뤄진다는 것을 뜻하지는 않는다.

브랜드 조사로 어떤 기업 쓰레기가 가장 많이 오염을 시키는지 알 수 있다

↘ **57** 브랜드 조사는 어떻게 해야 할까?

브랜드 조사는 특정 장소에서 플라스틱 쓰레기를 ㅇ으고, 개수를 세고, 분류하는 활동이다. 이 활동을 ㅎ해 어떤 기업의 무슨 플라스틱 쓰레기가 어디에서 ㅇ마만큼 발견되는지 알 수 있다. 브랜드 조사는 ㅎ변이나 강변, 도시나 지역사회, 공원이나 숲, 학교나 ㅈ같이 플라스틱 쓰레기가 있는 곳이라면 어디에든 할 ㅅ있다. 세계에서 진행하는 캠페인이 된 '플라스틱 해방 ㅇ동(Break Free From Plastic)'은 2018년부터 세계인이 ㅊ여하는 연례 브랜드 조사를 진행하고 있다.

브랜드 조사는 수치를 통해 실제로 누가 얼마나 ㅁ은 양의 플라스틱 쓰레기를 발생시켜 플라스틱 위기를 ㅊ추기고 있는지 명확하게 보여주기 때문에, 앞으로 더 ㅋ은 역할을 할 수 있다. 이 운동은 실제 플라스틱 위기에 ㅊ임 있는 기업들을 향해 대중들의 관심을 집중시킬 수 ㅇ다. 세계 플라스틱 쓰레기 데이터가 많이 쌓이고 ㄷ리 공개될수록 기업들은 일회용 플라스틱 생산을 ㅈ이고 진지하게 해결책을 찾아야 한다는 압박을 느낄 ㅅ 있다.

2020년 여름, 세계 55개국에서 환경단체, 지역사회, 학교, 청소년 단체와 많은 활동가를 비롯한 약 15,000명의 자원활동가들이 브랜드 조사에 참여했다. 이들은 모두 575건의 브랜드 조사를 실시해 플라스틱 쓰레기 34만 6,494개를 수거했다. 이 가운데 약 3분의 2가 테이크아웃을 위한 커피 용기 뚜껑, 일회용 케첩 봉지 또는 이와 비슷한 조미료 봉지 같은 식품 포장재들이었다. 작은 봉지 6만 3,972개 말고도 플라스틱병 5만 968개도 수거됐다.

담배 꽁초
60,344개

누구나 브랜드 조사 모임을 시작할 수 있다. 조사 방법은 간단한 안내만 있다면 어렵지 않다. 지역별로 플라스틱 쓰레기를 수집하고 분류해, 사람들이 더 이상 이러한 과대 포장 용납하지 않는다는 것을 기업에게 알려야 한다.

몇몇 기업 이름은 잘 알려져 있지 않다. 표시 제품들은 ㅇ리가 날마다 쓰는 브랜드 가운데 일부 예시이다.

브랜드 조사는 어떻게 해야 할까

지침서*
살펴보기 **3**

무엇을 어떻게 수거할지 토론한다.
기록 카드를 인쇄한 뒤 수집한
플라스틱 쓰레기 종류를 기록한다.

미리 생각하기 **2**

쓰레기는 어디에 처리할까? 어떤 장비가
필요하지? 장갑, 집게, 양동이, 쓰레기봉투...
그리고 기업에 쓰레기를 되돌려주기 위한 상자도
필요하다.

장소 선택하고
쓰레기 수집하기 **1**

실외에서 또는 실내에서? 어디로 갈까? 얼마나
많은 지역을 조사할 수 있을까? 혼자 또는 다른
사람들과 함께? 얼마나 많은 사람들과 함께?

기업이 함께 책임지기

↘ **56** 플라스틱 쓰레기에 대한 책임은 누구에게 있을까?
***지침서** 브랜드조사툴키트
boell.de/packaus

4 수집하고 분류하기

브랜드별로 쓰레기를 분류한다. 어떤 기업의 어떤 쓰레기에 책임 있을까? 에스엔에스에 공유할 사진을 많이 찍는다. 어린이 함께하는 행동은 기업을 압박하고 실제 변화를 이끌어낼 수 있다.

5 정리하기
결과 공유하기

쓰레기를 제대로 처리하고 브랜드 조사를 제출한다.

플라스틱으로 누가 이익을 얻을까

석유, 가스, 화학 관련 거대 기업들은 엄청난 양의 플라스틱을 생산한다. 이 기업들은 굴착 장비를 이용하고, 에틸렌과 같은 주요 화학 물질을 추출하는 공장이나 플라스틱 원료 펠릿(pellet, 압축해 만든 작은 조각) 공장을 가동하고, 석유, 가스, 플라스틱을 운송하는 기반 시설을 운영한다. 이 기업들이 투자 성과를 거두려면 더 많은 양의 플라스틱 제품을 시장에 내놓아야 한다. 이것이 그들의 주요 전략이다.

'잘못은 늘 다른 사람에게 있다' 는 기업 논리로 보면, 플라스틱 쓰레기가 산더미처럼 쌓이는 것에 대한 책임은 소비자들에게 있다. 이 기업들은 플라스틱 쓰레기를 더 잘 분류하고 재활용한다면 문제 없다고 대중을 속이려고 한다. 그들은 많은 국가에서 쓰레기 분리수거를 하지 않거나 재활용 시설이 제대로 갖춰져 있지 않다는 것에는 침묵한다. 애초에 이들이 플라스틱을 많이 생산하지 않거나, 대신 더 건강하고 환경에 이로운 소재를 사용했다면 더 나은 결과를 가져왔을 것이다. 사실 업계는 처음부터 플라스틱 쓰레기의 문제점을 알고 있었다.

그린워싱 플라스틱을 만들거나 사용하는 '그린워싱' 기업들은 플라스틱 무게가 가볍기 때문에 운송할 때 탄소배출량이 적다는 점을 강조하려고 애쓴다. 예를 들어 음료 기업들은 유리병 대신 플라스틱 사용하는 것을 옹호하려고 이 논리를 사용한다. 그밖에 다른 기업들은 플라스틱이 건강에 이롭고 깨끗하며 내구성도 강하다고 강조한다. 이 기업들은 이러한 몇 안 되는 장점이 사회와 환경에 중요한 것인 양 부풀린다. 플라스틱을 생산하고 이용하는 과정에서 기업들이 독성 첨가제를 사용한다는 심각한 단점은 종종 무시된다. 대중의 압력이 거세질 때만 인정할 뿐이다.

로비활동 플라스틱 로비 회사들은 자신들과 이익을 공유하는 특정 이익 단체들과 함께 활동한다. 이 단체들 정부, 관련 당국, 정치인들에게 영향력을 미치고자 노력한다. 그들은 세계를 무대로 로비 활동을 하면서, 일부는 환경 관련 법이 제정되는 것을 방해하거나 기존 환경법을 피해가기 위해 변호사를 고용하기도 한다.

민주주의가 모든 사람이 자신의 의견을 표현할 수 있는 권리를 보장한다는 점에서, 기업이 정치 영역에서 자신의 이익을 대변하는 일은 그 자체로 비난받을 일이 아니다. 하지만 공공 이익을 옹호하는 것과 자신의 이익 이윤을 옹호하는 것은 큰 차이가 있다. 또한, 산업계와 시민사회가 행사할 수 있는 영향력 차이는 무척 크다. 여기서 말하는 시민사회는 환경, 건강, 인권 단체뿐 아니라 프래킹(수압파쇄법, 셰일 가스 생산) 지역에 사는 주민들, 결국 우리 모두를 포함한다. 산업계는 법을 잘 알고, 법 제정에 영향을 미칠 수 있는 인력과 자원을 가지고 있지만 우리는 그렇지 않다.

로비스트 가운데 일부는 저마다 다른 모순된 역할을 하기도 한다. 이들 가운데 기업에 고용돼 있으면서 동시 정부 기관이나 정치 단체에서 일하는 사람도 있다. 이런 방식으로 기업이나 특수 이익 단체는 의사 결정 과정이 입법 과정에 직간접으로 영향을 미쳐 자신들 이익을 더 키울 수 있다.

기후변화를 일으키는 플라스틱 제품에 들어가는 많은 돈

요 플라스틱 기업들과 그들의 전략

↘**55** 라벨은 어떻게 거짓말을 하고 있을까? ↘**56** 플라스틱 쓰레기에 대한 책임은 누구에게 있을까?

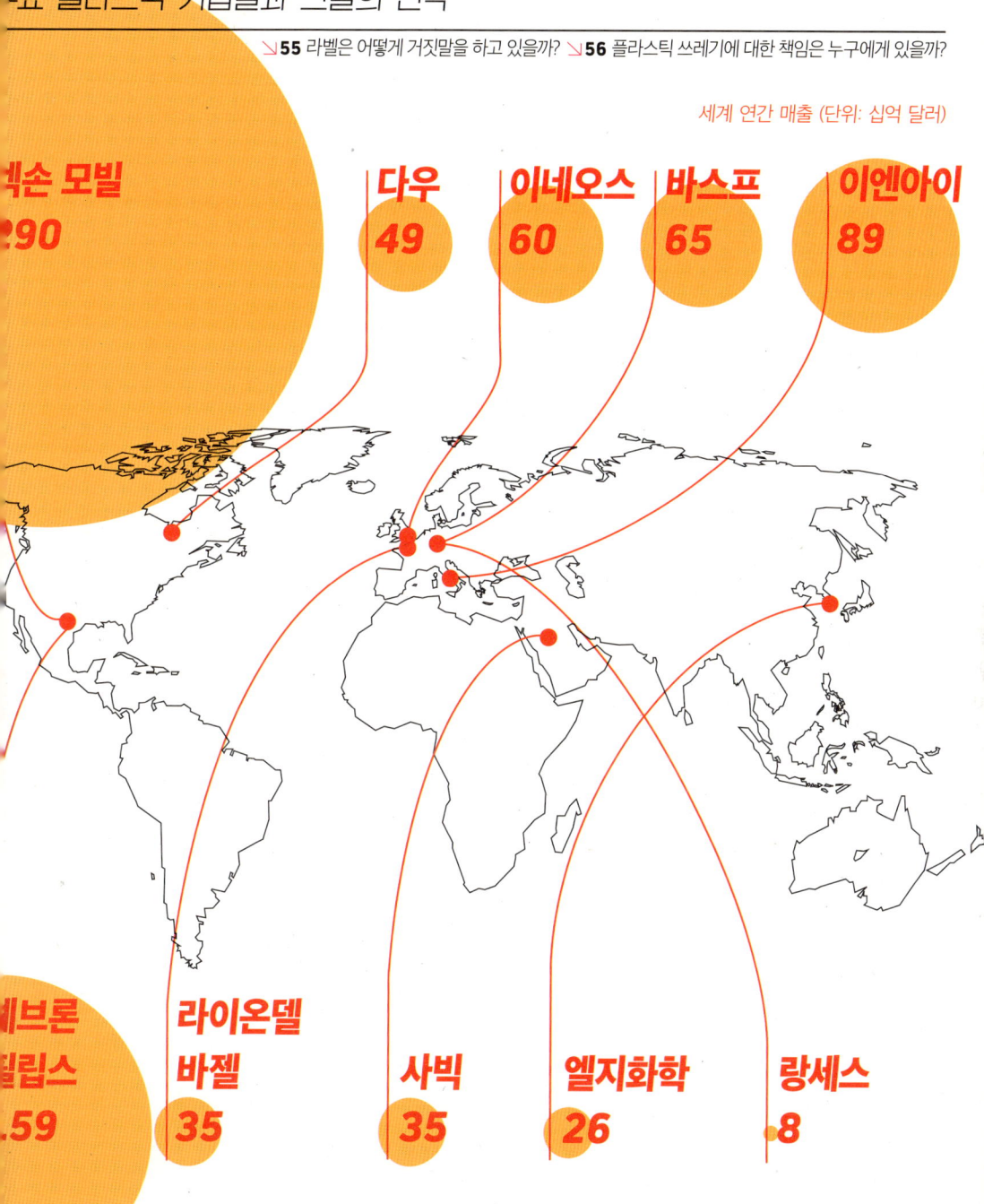

세계 연간 매출 (단위: 십억 달러)

엑손 모빌 290
다우 49
이네오스 60
바스프 65
이엔아이 89
셰브론 필립스 59
라이온델 바젤 35
사빅 35
엘지화학 26
랑세스 8

프래킹이란 무엇일까?

1
2
많은 화학물질
석영 모래
물 수백만 리터

지하수

땅의 성질에 따라 화학물질의 양이 다르다.

1 천연가스 성분이 되는 가스들은 지표면 아래 깊은 셰일층에 갇혀 있다. 대부분 가스는 에탄, 부탄, 프로판(propane) 또는 메탄이다. 메탄을 빼고는 가스들은 플라스틱 생산에 쓰인다. '비전통 자원'이라 불리는 이 가스들은 어떻게 단단한 암석에서 추출할까?

2 방법: 프래킹이라고 알려진 '수압파쇄법'은 최대 5킬로미터 깊이 암석층에서 가스를 추출하고 빨아들이는 공법이다. 먼저 암석층 수직 방향으로 구멍을 뚫고, 일정 깊이부터는 수평으로 뚫는다. 그리고 물 수백만 톤, 모래, 화학물질을 고압으로 주입해 암석층 균열을 만든다. 화학물질과 석영 모래는 균열이 생긴 공간을 채워 가스를 추출할 수 있도록 돕는다.

플라스틱 생산을 위한 자원 추출: 가스(셰일)

> 2 플라스틱은 무엇으로 만들까?

이 독성 혼합물질은 '암석에 갇혀 있는 지층수'라고 불리는 액체와 섞인다. 이 물은 성분을 정확히 알 수 없어 예측 불가능하고, 독성이 있고, 때로는 방사능을 함유하기도 한다. 지층수와 섞인 혼합물은 지상 밖으로 퍼 올려지고, 추출된 가스는 먼 곳으로 운반된다.

4 이 위험한 독성 혼합물질은 사라지지 않고 종종 지하수에 남아 있다. 프래킹 과정에서 주입된 화학 용액 역시 때때로 지하에 남겨진다. 이렇게 만든 주입정(암반을 뚫어 물과 화학물질을 주입하려고 만든 장치 *옮긴이 주*)은 지진을 발생시키기도 하고, 지하수로 독소를 내보내고, 메탄과 같은 유해 가스를 방출할 수도 있다.

플라스틱이 기후에 미치는 영향은 무엇일까

생애주기 전반에 걸쳐 기후에 해를 끼치는 플라스틱

플라스틱은 당연히 석유와 가스로 만들어요

CH_4 메탄

추출 · 운송 · 생산

시작점부터 온실가스를 방출한다

↘ **3** 플라스틱은 우리에게 어떻게 올까? ↘ **63** 플라스틱 협약이 왜 필요할까?
↘ **69** 플라스틱 오염과 누가 싸우고 있을까?

이산화탄소와
메탄은 대기로
방출된다

계마다 배출되는 정확한 양을 알기는 어렵다. 다만
019년 세계에서 플라스틱 생산과 소각 과정에서만
억 5,000만 톤에 이르는 이산화탄소가 배출됐다.
는 독일의 한해 배출량보다 많은 수치다.

CO_2
이산화탄소

소비   고장과 마모   소각

플라스틱 위기를 어떻게 멈출 수 있을까

근본 원인: 석유와 가스 생산

↘ **2** 플라스틱은 무엇으로 만들까? ↘ **58** 플라스틱으로 누가 이익을 얻을까?

나라마다 정부들은 무엇을 하고 있을까?

유럽연합
다른 대안이 있는 일회용 플라스틱 제품을 금지했다. 여기에는 면봉, 플라스틱 식기도구와 접시, 빨대, 커피스틱, 풍선 꽂이 스틱, 폴리스티렌(PS) 컵과 상자가 포함된다.

코스타리카
2021년까지 일회용 플라스틱을 금지하기로 했고, 세계에서 처음 플라스틱 없는 나라를 목표로 하고 있다.

새로운 규제가 곳곳에서 나타나고 있다

63 플라스틱 협약이 왜 필요할까?

비닐봉지는 이미 많은 나라에서 금지됐어요. 이것은 단지 시작일 뿐이에요

말레이시아, 필리핀, 인도네시아, 베트남
불법으로 플라스틱 쓰레기를 수입하는 것과 싸우고 있으며, 쓸모없는 쓰레기를 원래 있던 나라들로 돌려보내고 있다.

르완다
2008년부터 비닐봉지 사용을 금지했다. 세계에서 가장 엄격한 플라스틱 법을 가지고 있다. 이 법을 어기면 감옥에 갈 수도 있다.

플라스틱 협약이 왜 필요할까

지구 차원 문제들은 지구 전체를 아우르는 해결책이 필요하다

↘ **2** 플라스틱은 무엇으로 만들까? ↘ **16** 플라스틱은 우리를 병들게 할 수 있을까? ↘ **60** 플라스틱이 기후에 미치는 영향은 무엇일까?

지구에 있는 모든 나라들이 세계 플라스틱 오염을 내는 조약에 동의한다면 어떨까? 만약 모든 사람이 결책을 찾기 시작하고, 그것들을 실행에 옮기고, 그 정에서 가난한 국가들을 지원한다면 어떨지 상상해 자. 꿈같은 일이지만 이것은 현실이 될 수 있다.

세계 여러 국가들은 종종 **유엔**에서 특정 문제에 관한 약과 협정에 서명하는데, 이를 통해 해당 국가는 해당 약과 협정을 따라야 하는 법적 구속력이 생긴다. 한 지 예로, 세계 국가들은 유엔 몬트리올 의정서(1989 1월 발효, 오존층 파괴하는 프레온 가스 생산과 소비 제, 한국은 1992년 5월 가입 *옮긴이 주*)를 통해 더 이상 존층이 파괴되지 않도록 막는 데 성공했다. 이것이 제협정을 통해 가능했던 것처럼, 플라스틱 국제협정은 계 플라스틱 위기를 막는 데에도 적용할 수 있다.

지금까지 많은 나라들이 이미 국제 플라스틱 협정에 성하고 있고, **유엔** 환경총회(UNEA)도 이 협정에 대해 과 있는 조치라고 평가하고 있다. 그렇다면 앞으로 더 아가려면 무엇을 해야 할까?

유엔은 정부간협상위원회(INC)를 구성해 플라스틱 약의 세부 내용을 협의할 수 있다. 정부간협상위원회는 **부관리**들, **비정부기구(NGO)**, **과학자**, **산업계** 대표들로 성돼 있으며, **주요 청소년·청년 그룹**이 참관(옵저버) 격으로 참여할 수 있다. 정부간협상위원회에서 최종 약안이 마련되면, 국가들이 여기에 서명하는 식으로 행된다. 대부분 국가가 이 협약에 서명하면 나라마다 회를 통해 이 협약을 이행하기 위한 국내법 제정에 의한다는 것을 뜻한다. 정부간협상위원회에서 협약 종안을 만들고 투표를 통해 협약으로 채택된다.

국가별 서명과 비준 절차가 완료되고 협정이 발효되면, 서명국은 이 협약을 이행해야 할 의무를 가진다.

그렇다면 지금 중요한 것은 무엇일까? 이 협약이 분명히 좋은 역할을 할 것이라는 확신을 가지고, 정부간협상위원회가 중요한 모든 조치를 협약에 포함시키는 것이 중요하다. 시민사회 관점에서 플라스틱 생산을 줄이는 것은 플라스틱 문제를 효과 있게 해결할 수 있는 유일한 방법이기 때문에, 이 조치는 처음부터 협약에 포함돼야 한다. 또한 어떤 조치가 쓰임새 있고 효과 있는지 확인하는 작업이 꼭 이뤄져야 한다. 협상에 서명한 모든 국가는 이 모든 조치에 동의해야 한다. 또한 가난한 나라들은 이 조치를 수행하는데 필요한 돈과 지원을 제공받아야 한다.

어떤 정부들은 자신들의 국가 정책만으로도 충분히 플라스틱 문제를 해결할 수 있다고 생각한다. 또 다른 정부들은 우리가 바다에 있는 플라스틱에만 집중하면 된다고 생각한다. 양쪽 모두 옳지 않다. 만약 여러 국가가 국제 플라스틱 협약을 지지하기 위해 모인다면, 더 깨끗하고, 더 건강하고, 더 공정한 세상을 위해 더 효과 있게 싸울 수 있을 것이다.

우리는 어떻게 정치적으로 활발히 활동할 수 있을까

다른 사람들과 모임 만들기

정치인들과 만나기

시위에 참여하기

국가별로 다른 선택지들

63 플라스틱 협약이 왜 필요할까?

진정서나 탄원서 쓰기

지금 무엇을 할 수 있을까요?

정치 활동에 참여하기

자신만의 캠페인을 조직하기

정보 공유하기

제로 웨이스트 제품은 어떻게, 어디에서 살 수 있을까

물병
유리 또는 스테인리스 스틸로 만든

컵

병

그냥 씻기

가장 가까운 가게는 어디일까? 포장 없는 가게를 알고 있나요?

바꿔야 할 부분은 무엇일까

가게에서 리필 가능

포장하지 않은 상품

플라스틱을 피할 수 있는 구조와 체계

↘**36** 재사용을 왜 해야 할까? ↘**67** 재사용 체계는 어떻게 작동하는 걸까?

보증금 반환 체계

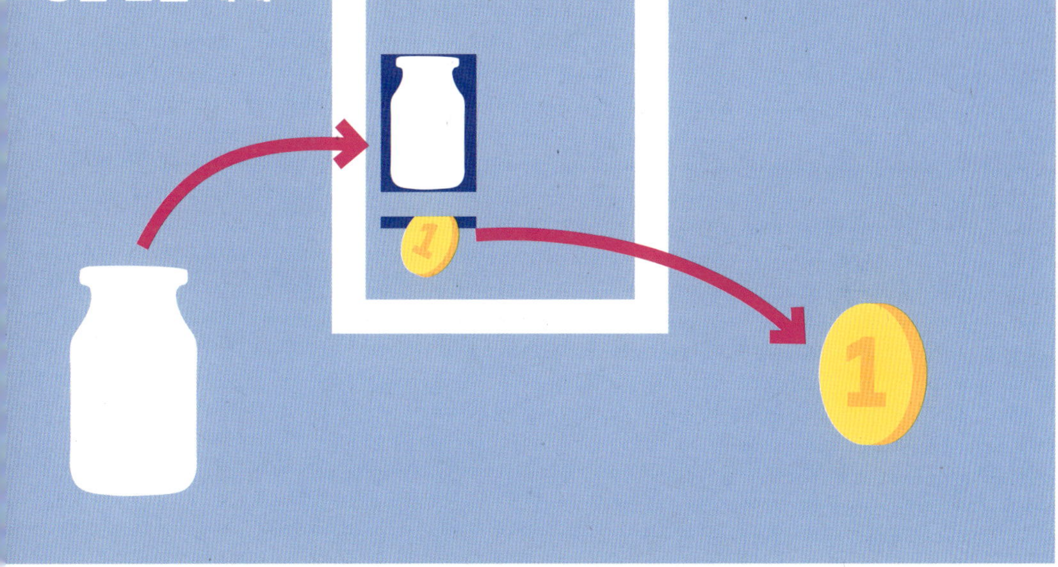

배달과 수거 체계

재사용 체계는 어떻게 작동하는 걸까

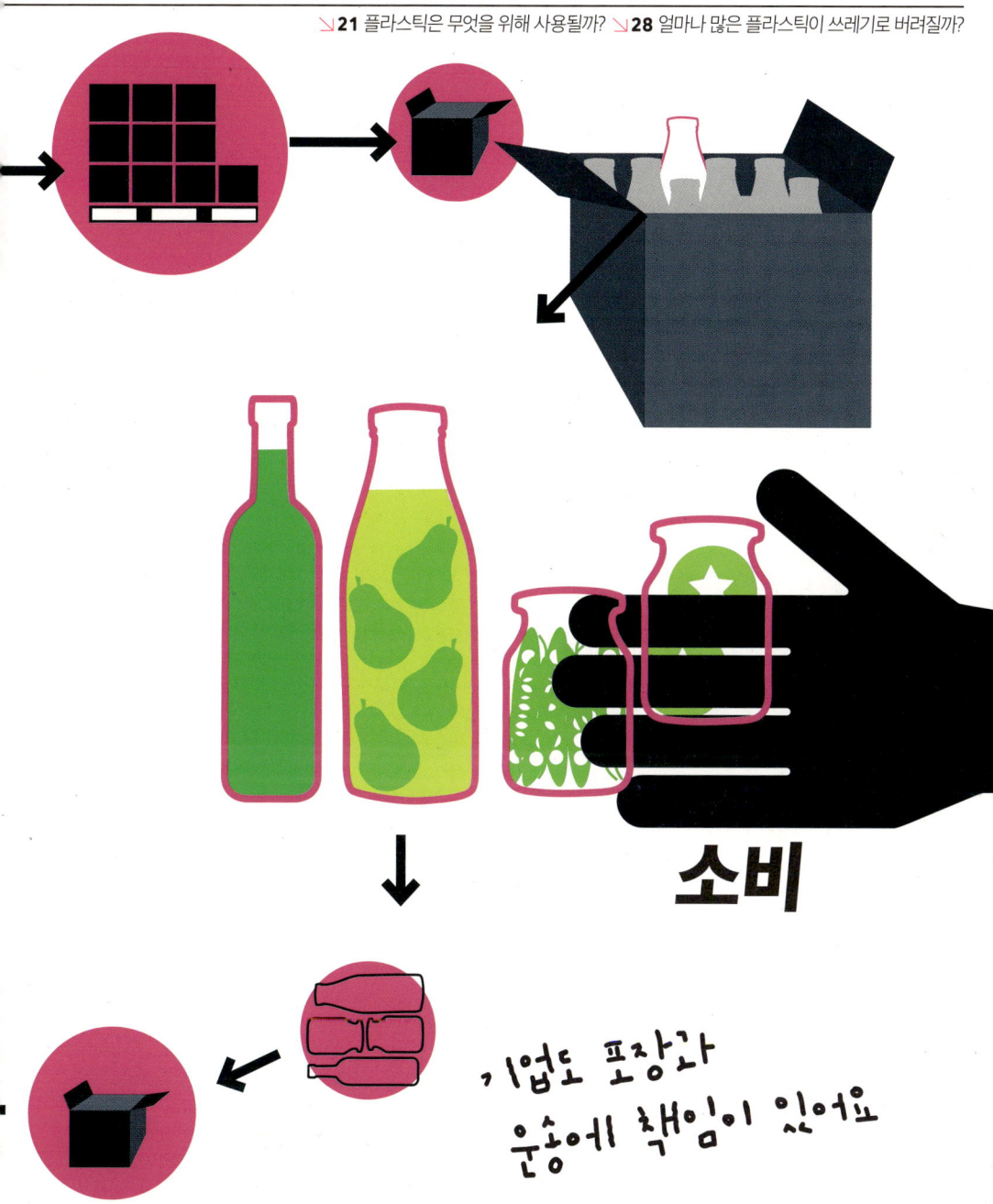

플라스틱 공장과 함께 살아가는 삶이란 어떤 것일까

당신은 네오프렌(neoprene)으로 만든 제품을 좋아하는가? 아마도 컴퓨터 가방, 고무 장화, 수영복, 서핑복, 다이빙복에 사용하는 네오프렌을 알고 있을 것이다. 부드럽고 따뜻하며, 스마트하고 현대식 느낌을 주는 네오프렌 의류는 수상 스포츠를 즐기는 사람들이 자주 입는 소재이다. 네오프렌은 의료와 산업 분야에서도 자주 쓴다. 하지만 네오프렌 생산 방식은 사람들 건강을 심각하게 위협할 수 있다.

미국 루이지애나 주 작은 마을인 리저브(Reserve)에서 가족과 함께 살고 있는 80세 로버트 테일러(Robert Taylor) 씨를 한 예로 들 수 있다. 미시피 강변에 있는 이 마을은 지대가 평평하고 비옥하다. 지역 주민 대다수는 루이지애나 사탕수수 농장에서 노예로 일했던 조상을 둔 흑인 가정이다. 노예 제도가 폐지된 뒤, 이들은 여러 세대에 걸쳐 열심히 일해 땅을 일구고 소박한 생활을 이어 나갔다. 넉넉하지 않지만 저축한 돈으로 집을 짓고 후손들에게 더 나은 삶을 제공하기 위해 노력했다.

하지만 오늘날 로버트 테일러 씨는 자신의 마을을 그 누구에게도 물려주고 싶지 않다. 지난 수십 년 동안 이 지역에 지어진 140개 플라스틱과 화학 공장에서 배출되는 유독성 오염 물질 탓에 공기가 오염됐기 때문이다. 하지만 이 마을 주민들에게는 여전히 이곳에 살아야 할 이유가 있다. 이곳은 땅값이 싸고, 프래킹(셰일) 가스가 저렴하며, 멕시코만과 가까워 제품을 운반하기 편하기 때문이다. 게다가 어느 누구도 이곳에 사는 취약 계층 사람들이 환경오염에 대해 반발할 것이라고 예상하지 않는다.

리저브는 루이지애나 주 대표도시인 배턴루지에서 뉴올리언스까지 이어지는 미시피 강을 따라 '암 골목'이라고 불리는 세인트 존 침례 교구 지역에 있다. 이 작은 마을에 사는 주민 대부분은 암으로 목숨을 잃은 가족이 있다. 많은 사람이 악성 종양이나 면역 체계 장애, 위장 장애, 두통, 메스꺼움, 현기증, 심계항진 같은 여러 질병을 앓고 있다. 주민들은 오랫동안 자신들이 사는 지역이 질병 발생률이 높다고 의심해 왔지만, 그 원인을 증명할 수는 없었다.

2015년이 돼서야 미국 환경보호청(EPA)은 이 지역의 암 발병 위험이 미국 전체에서 가장 높다는 사실을 확인했다. 암에 걸릴 확률은 미국 평균의 50배에 달하며 이 '암 골목' 지역의 대기에서 45가지 서로 다른 산업용 독성물질이 확인됐다. 이 독성물질들을 포함한 매연이 대기에 퍼지면 어떤 물질이 어떤 특정 질병을 일으키고, 이 물질이 어느 공장에서 나왔는지 파악하는 것이 불가능하다. 따라서 어떤 플라스틱 공장이나 화학 공장이 이 물질과 질병에 책임이 있는지도 증명할 수 없다. 그래서 어떤 기업도 그 책임을 피할 수 없다. 독성물질을 내뿜는 모든 기업이 책임을 져야 한다.

클로로프렌(chloroprene)은 네오프렌을 생산할 때만 사용해 방출되기 때문에, 이 물질이 어느 공장에서 나오는지 명확히 알 수 있다. 2015년까지 미국에서 네오프렌을 생산하는 기업은 미국 플라스틱 기업인 듀폰(DuPont)의 일부였던 일본 덴카(Denka)사가 유일했다. 이 공장은 자연보호구역에서 아주 가까운 곳에 있었다. 마을 주민들은 지난 50년 동안 국제 암 연구소(IARC)에서 '인체 발암성 추정물질'로 분류한 독성 가스를 흡입해 왔다는 사실을 알고 충격과 분노를 느꼈다. 하지만 동시에 다행이라는 의견도 있었다. 이제라도 주민들은 실제 사실과 수치를 가지고 무언가를 바꿀 수 있을 것이라고 확신했다. 이들은 공장이 곧 문을 닫게 될 것이며 클로로프렌 배출이 엄격히 제한될 것이라고 예상했다.

루이지애나 지역 네오프렌 생산

↘ **13** 첨가제는 무엇일까? ↘ **16** 플라스틱은 우리를 병들게 할 수 있을까?

하지만 예상은 빗나갔다. 네오프렌 공장은 사람들에게 일자리를 제공해 주고 세금의 원천이었기 때문에, 아무도 이 공장에 조처를 하지 않았던 것이다. 대중 압력에 직면해 덴카사는 2017년 클로로프렌 배출량을 줄이겠다고 했지만, 그 뒤로도 이 공장에서 배출하는 클로로프렌 배출량은 미국 환경보호청이 주장하는 최대치보다 100배 넘게 높은 경우가 많았다. 로버트 테일러 씨는 "회사의 관심은 오로지 돈뿐"이라고 말한다. 그의 어머니, 두 명의 형제자매, 친한 사촌, 이웃 몇 명이 모두 암으로 사망했다. 그의 아내는 유방암과 다발성 경화증을 앓고 있어 집을 떠나야만 했다. 테일러 씨의 딸은 클로로프렌이 원인으로 추정되는 소화기 질환 때문에 일할 수 없는 상황이다.

절망에 빠진 그는 세인트 존 시민들을 위한 저항 단체를 공동 설립했다. 주마다 지역 교회 모임에서 테일러 씨는 주민들과 이야기를 나누고 그들에게 맞서 싸울 것을 독려하고 있다. 주민들은 함께 여러 문서와 법률, 연구 논문들을 면밀히 검토하고, 언론, 정부, 업계 대표를 직접 자리로 초대하고 있다. 이들은 국내 환경단체뿐만 아니라 이들을 지지하고 힘을 보태는 국제 환경단체와 연대하고 있다.

이들의 투쟁은 초기에 전망이 밝지 않았다. 기업이 자신들의 이익을 위해 수단과 방법을 가리지 않을 것 같았기 때문이다. 덴카사와 같은 거대 플라스틱 기업은 최고 변호사를 고용할 수 있고, 환경보호청 수치를 반박하는 과학 연구에 비용을 지불할 수 있으며 자신들이 배출하는 클로로프렌이 무해하다는 것을 증명할 수 있었다. 또한 리저브 주민들은 미국 환경보호청에 실망했는데, 환경보호청이 주로 백인이 거주하는 부유한 지역에서 제기되는 시위를 지원하는 것을 선호했기 때문이다. 이 부유한 지역들도 플라스틱 기업을 상대로 기업이 일으키는 대기 오염에 대해 항의하고 있었는데, 이 지역들은 리저브 지역과는 달리 더 많은 돈과 가지고 있는 인맥을 통해 그들의 목소리를 더 효과 있게 전달할 수 있었다. 이런 가운데 환경보호청은 클로로프렌 문제는 리저브 지역처럼 네오프렌 공장 바로 근처 지역에서만 발생하는 대수롭지 않은 문제이며, 대다수 사람에게 영향을 미치는 다른 독성 가스 배출 문제에 초점을 맞추고 싶다고 이야기했다.

로버트 테일러 씨와 그의 동료 시위자들은 포기하지 않았다. 화학 기업들이 자신들이 그 기업들을 주시하고 있다는 것을 알기를 원했다. 리저브 주민들은 그들의 가족이 대대로 살아온 곳에 계속 살 수 있기를 원했다. 길고 고된 과정이었지만, 이들이 결국 이뤄냈다. 법원이 덴카사를 상대로 한 그들의 소송에서 주민들 손을 들어준 것이다. 이것은 대단한 성과이다.

플라스틱 오염과 누가 싸우고 있을까?

세계 곳곳에서 사람들이 힘을 모으고 있다

↘ **60** 플라스틱이 기후에 미치는 영향은 무엇일까? ↘ **68** 플라스틱 공장과 함께 살아가는 삶이란 어떤 것일까?

플라스틱 없는 학교를 만들 수 있을까

학교도 플라스틱 영향에서 자유롭지 않다. 배낭, 가방, 페트병, 필기구, 파일, 펜처럼 학교에서 보통 쓰는 물건들을 떠올려보자. 그리고 봉투, 컵, 용기, 일회용 병 같은 음식 포장도 모두 플라스틱으로 만들어졌으며 모두 쓰레기통에 버려진다.

동시에, 학교는 같은 생각을 가진 사람들을 찾아 플라스틱 위기에 맞서는 활동을 함께 할 수 있는 좋은 장소다. 플라스틱 사용을 줄이거나 피하려면 어떻게 해야 할까? 무엇을 플라스틱 없는 제품으로 대체할 수 있을까? 유리병이나 스테인리스병은 플라스틱 병을 대체할 수 있는 좋은 대안이다. 봉투는 종이로 쉽게 접을 수 있고, 음식은 유리로 만든 밀폐용기 또는 플라스틱으로 만들어지지 않은 캔에 포장할 수 있다. 물건을 살 때마다 플라스틱 쓰레기를 배출하는 자판기 사용을 피할 수도 있다. 일회용 플라스틱 사용을 없애기 위해 세계 학교와 대학을 지원하는 '플라스틱 없는 캠퍼스' 모임에서 확인할 수 있듯 우리가 바꿀 수 있는 것이 많다. 플라스틱에 대한 일반 정보, 학교에서 쓰레기 수거 활동을 조직하는 방법, 올바른 분리수거 전략을 세우는 방법, 캠페인을 지원하고 그밖에 단체 같이 모든 것을 온라인 강좌에서 배울 수 있다.

학교에서 지속가능한 운동을 시작할 수 있다

↘ **4** 주변에 얼마나 많은 플라스틱이 있을까? ↘ **56** 플라스틱 쓰레기에 대한 책임은 누구에게 있을까?
↘ **57** 브랜드 조사는 어떻게 해야 할까?

* 플라스틱 없는 학교
plasticfreecampus.org

플라스틱 없는 학교*

학교가 플라스틱을 쓰지 않고 더 지속가능한 방향으로 나아가는 노력을 한다면 결국에는 모두에게 이로운 결과로 이어질 것이다. 교실, 수업, 학생회나 투표를 통해 다른 사람들에게 영감을 주는 활동을 지금 시작해 보자.

모든 학교는 이 캠페인에 등록할 수 있다. 교사가 프로젝트를 확정하면 '플라스틱 없는 학교' 모임이 교실마다 어떻게 참여할 수 있는지 조언을 시작한다.

이 과정은 수업에 포함되거나 수업 시간 외에 운영될 수 있다. 프로젝트가 끝날 때 학교는 '플라스틱 없는 학교' 인증서를 받게 된다. 이 활동은 일상생활에서 환경을 보다 지속가능하고 건강하게 만든다. 무엇보다도 이는 플라스틱을 사용하지 않기 위해 내딛는 큰 발걸음이다.

이 용어들의 뜻은 무엇일까

갑상선(Thyroid) 목에 있는 나비 모양의 분비샘. 갑상선에서 분비되는 호르몬은 다양한 신체 기능을 조절한다.

고밀도 폴리에틸렌(HDPE, high-density polyethylene) 플라스틱 ↘ **폴리에틸렌**의 하위 부분군. 큰 ↘ **분자**의 사슬이 최소한의 분기를 가지기 때문에 '고밀도'라 한다. 이는 ↘ **저밀도 폴리에틸렌(LDPE)**과 달리 플라스틱을 다소 단단하고 딱딱하게 만든다. ↘ **11**

고화방지제(Anticaking agent) 굳지 않도록 제품에 첨가된 물질. 일부 화장품 제품에서는 ↘ **미세 플라스틱 ↘ 입자**가 뭉치는 것을 방지한다. ↘ **15**

관행농업(Conventional farming) 공식으로 유기농 인증을 받지 않은 모든 농업. 유기농과 달리 ↘ **합성** 비료와 ↘ **농약**을 사용하고 축산업에서는 항생제 사용에 대한 규제가 약하다. 일반적으로 기계와 기술에 크게 의존한다.

규제(Regulation) 정책 입안자가 특정 물질이나 물건을 제한된 방식으로만 사용하거나 전혀 사용하지 못하도록 결정하는 것

규제 체계(Regulation System) 포장재가 여러 번 사용되도록 도움을 주는 규제 체계를 뜻하며 ↘ **일회용**과 반대 개념이다. 일부 국가에서, 특히 음료병에 대한 규제 체계가 있다. 용기가 비어 있으면 보증금을 받고 매장에 반환한다. 용기는 세척해 다시 쓴다. 유리병은 최대 50회까지 재사용할 수 있다. ↘ **36**

그린워싱(Greenwashing) 친환경을 뜻하는 '그린'과 '눈가림'을 뜻하는 말의 합성어. 실제로는 환경 보호에 효과가 없거나 오히려 환경에 악영향을 끼치는 제품을 생산하면서 겉으로 친환경 이미지를 내세우는 기업의 광고나 홍보 활동.

금기(Taboo) 문화나 종교에서 금지됐거나, 특정 행동을 제한하거나 억제하는 말 없이도 지키는 관습

기후(Climate) 오랜 기간에 걸친 온도와 강수량. 날씨와 비슷하지만 혼동해서는 안 된다. 지구 기후는 많은 과정과 복잡한 상호작용 관계에 놓여 있다. 오늘날 급격한 기후변화는 인간이 이산화탄소를 비롯해 다양한 ↘ **온실가스**를 방출해 일어난 현상이다. 이는 주로 석탄, 석유와 가스 같은 화석연료를 사용한 결과다.

네오프렌(Neoprene) 발포 합성고무(urethane foam). 네오프렌은 절연체로도 쓰이고 발수성이 있어 다이빙복과 서핑복을 만들 때도 쓴다.

농약(Pesticide) 특정 곤충, 균류 또는 식물 같이 농작물에 해롭다고 여기는 유기체를 죽이기 위해 주로 ↘ **관행농업**에서 사용하는 물질. 대부분 농약은 석유와 가스 ↘ **산업**에서 생산된다.

다이옥신(Dioxins) 특정 유형의 플라스틱을 태울 때 나오는 오염 물질. 이 물질은 ↘ **지속성**이 있고 암을 일으키며 ↘ **배아**의 비정상 발달과 그밖에 여러 질병을 일으킬 수 있다. ↘ **29**

독립국가연합국(CIS countries) 독립국가연합에 속한 국가들. 소련 붕괴 뒤 등장한 국가들이 연합해 독립국가연합을 이뤘다.

독성(Toxic) ↘ **13**

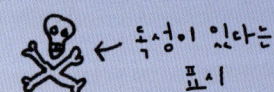 ← 독성이 있다는 표시

로비활동(Lobbying) 플라스틱 산업이나 협회 같은 특정 분야 기업의 이익을 대변해 정책에 영향을 미치기 위한 행위.

마리아나 해구(Mariana Trench) 태평양에 있는 약 2,500킬로미터 길이 해구. 필리핀 동쪽으로 약 2,000킬로미터 떨어진 곳에 있으며 최대 수심은 해저 11킬로미터. 가장 깊은 해구로 알려져 있다.

매크로플라스틱(Macroplastic) 5밀리미터 보다 큰 플라스틱 조각. ↘ **미세플라스틱** 참조. ↘ **49**

용어 사전

탄(Methane) 인화성이 있는 무색무취 기체로 대기 속 강력한 온실가스. 식물이나 동물 사체가 공기가 없는 상태로 썩을 때 만들어진다. 메탄 대부분은 ⬊ **쓰레기 매립지**, ⬊ **하수 처리장**, 공장식 축산시설에서 배출된다. 하지만 ⬊ **기후**에 가장 큰 문제를 일으키는 것은 유정과 가스정에서 발생하는 메탄이다. 메탄은 가스의 가장 중요한 구성 성분이며, 가스 생산 과정에서 많은 양의 메탄이 대기로 나온다.

라민(Melamine) ⬊ **포름알데히드**와 결합하면 멜라민 수지(melamine resin)가 만들어지는 화학 물질. 깨지지 않는 플라스틱으로, 어린이 식기 같은 물건을 만들 때 쓴다. 섭씨 70도 넘는 열에 노출되면 독성을 지닌 기본 성분이 대기 속에 방출될 수 있다.

트리올 의정서(Montreal Protocol) 1987년 24개국과 유럽연합 전신인 유럽 공동체가 체결한 협약. 이 국가들은 ⬊ **오존층**을 파괴하는 물질을 생산하거나 소비하지 않겠다고 서약했다. 이 협약은 환경 보호 분야에서 국가들의 협력을 이끌어 낸 성공 사례로 꼽힌다.

세플라스틱(Microplastic) ⬊ **입자** 크기가 5밀리미터에서 0.001밀리미터 사이인 플라스틱. 0.001밀리미터보다 작은 입자나 섬유를 나노플라스틱(nanoplastic)이라 한다. 1차 미세플라스틱은 피부 스크럽용 구슬과 같이 의도를 갖고 만든 것이다. 2차 미세플라스틱은 자동차 타이어 마모를 비롯해 깨지거나 떨어져나와 생긴다. ⬊ **49**

이오 기반 소재(Bio-based Materials) 옥수수나 나무와 같은 살아있는 유기체에서 추출한 물질로 만든 플라스틱 같은 것. 하지만 생산 과정에서 많은 첨가제를 쓰기 때문에 보통 ⬊ **생분해**되지 않는다. ⬊ **54**

사성(Radioactive) ⬊ **원자**핵이 안정성을 잃어 붕괴할 때 고에너지 방사선을 방출하는 물질. 핵발전소에서 전기를 생산하거나 의학에서 엑스레이를 촬영하는 데 사용된다. 방사선은 보통 인간과 다른 생명체에 매우 위험하며 세포와 장기를 손상시킬 수 있다.

배아(Embryo)

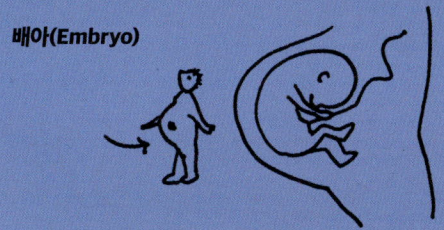

배출(Emissions) 종종 ⬊ **오염물질** 같은 특정 물질이 대기로 방출되는 것

법적 구속력(Legally binding) 법률, 계약, 규칙, 조약이 확정되어 더 이상 법정에서 이의를 제기할 수 없는 효력

베이클라이트(Bakelite) 현대 플라스틱의 전신, 이를 발명한 리오 헨드릭 베이클랜드(Leo Hendrik Baekeland)의 이름을 따서 지었다. ⬊ **39**

벤젠 고리(Benzene ring) 많은 플라스틱에서 발견되는 기본 화학 구조. 고리에 배열된 여섯 개의 탄소 원자로 구성돼 있고 저마다 수소 원자가 붙어 있다. 육각형 모양으로 표시된다.

부엽토(Humus)

부탄(Butane) 무색, 가연성이며 액화하기 쉽다. 흔히 라이터나 부탄가스에 쓰이지만 냉각제로도 쓸 수 있다.

분자(Molecule) 최소 두 개 넘는 ⬊ **원자**가 화학 결합으로 연결된 원자 그룹. 분자는 동일하거나 서로 다른 원자로 구성될 수 있다. 큰 분자는 수만 개의 원자로 구성될 수 있다.

이 용어들의 뜻은 무엇일까

분자간 힘(Intermolecular forces) ↘ 원자, 이온과 ↘ 분자 사이에 작용하는 약한 인력 또는 반발력. 그 힘은 화학 결합보다 약하지만, 여전히 물질의 특성에 영향을 미친다.

분해 공정(Cracking) 플라스틱 생산 과정에서 긴 사슬로 이뤄진 탄화수소 분자가 ↘ 에틸렌과 같은 보다 단순한 ↘ 분자로 분해되는 화학 과정

블랭크(Blank) 최종 제품을 만드는 소형 틀. 플라스틱 병의 경우, 우선 원재료를 블랭크로 일정한 형태로 만든 뒤 가열하고 부풀려 완성된 병을 만든다.

비스코스(Viscose) 천연 섬유소인 ↘ 셀룰로오스를 화학적으로 가공해 생산한 섬유. 의류와 기타 직물을 만드는 데 쓴다.

비스페놀(Bisphenol) 내분비계 교란 물질로 알려진 화합물. 다양한 비스페놀이 있다. 가장 잘 알려진 것은 다양한 플라스틱과 코팅 바니쉬에서 발견되는 비스페놀A. 이 물질은 음식과 함께 몸에 들어가거나 피부를 통해 들어가는데, 에스트로겐 호르몬과 비슷하게 작용한다. 이것은 생식 기관의 발달과 다른 신체 발달 과정을 방해한다. ↘ 17

비의도적첨가물질(Non-intentionally added substances, NIAS) 화학물질이 서로 반응하는 과정이나, 분해되는 과정에서 변형되면서 플라스틱에 첨가되는 물질이다. 플라스틱을 제조하는 기업에서도 이 물질을 항상 파악할 수 있는 것은 아니며, 포장재와 식기류에서 식품으로 ↘ 옮겨갈(이행) 수 있다. ↘ 14

비정부기구(Non-governmental organization, NGO) 정부 조직과 반대되는 비정부 조직. 주로 환경과 사회적 대의를 위해 캠페인을 벌이는 단체를 뜻한다. 예를 들면 그린피스나 국경없는의사회 같은 곳이 있다.

비준(Ratification) 계약 또는 합의에 공식으로 동의하는 행위. 종종 국제법에 따른 국가들 사이 조약에 적용된다.

산업과 산업 부문(Industry and industry sector) 상품의 대량 생산에 관련된 모든 공장과 기업을 총칭하는 용어. 때로는 플라스틱 또는 섬유 산업과 같은 특정 산업 분야에서도 언급된다. 석유나 철과 같은 원료는 산업 공정에 필수 요소다.

산업화(Industrialization) 농촌 생활부터 임금 노동과 대량 생산이 있는 공장에 이르기까지 노동 생활과 생산이 송두리째 변화한 인류 역사의 시기. 유럽에서 산업화 과정은 18세기 후반에 시작됐다.

생분해성(Biodegradable) 물과 ↘ 이산화탄소와 같이 자연 과정에 따라 기본 성분으로 완전히 분해될 수 있는 물질. 플라스틱에 적용할 때 이 용어는 오해 소지가 있다. 그 이유는 플라스틱은 매우 특정한 온도와 압력 조건에서만 분해될 수 있고 첨가제는 그대로 남는 경우가 많기 때문이다. ↘ 53

석유(Petroleum) 휘발유 생산 과정에서 발생하는 중간 산물. 추가 작업을 통해 연료나 플라스틱을 만들 수 있다. ↘ 23

세계 매출(Global sales) 기업이 판매하는 제품이나 서비스를 통해 벌어들인 총 금액. 세계 매출에는 생산, 재료와 인건비도 포함되므로 수익과 같지 않다.

세계은행(World Bank) 미국 워싱턴 디씨에 본부를 둔 ↘ 유엔의 특별 기구, 빈곤 퇴치를 주요 목표로 삼는다.

셀로판(Cellophane) 가장 오래된 플라스틱 포장재 가운데 하나인 얇고 무색 투명한 필름의 상품명

셀룰로오스(Cellulose) 식물 세포벽의 가장 중요한 구성 성분 가운데 하나인 ↘ 탄소 화합물

룰로이드(Celluloid) 대규모로 사용된 최초 ↘ **열가소성** 플라스틱. ↘ **셀룰로오스**가 주원료. 셀룰로이드는 장난감, 안경테, 탁구공 같은 물건을 만드는 데 쓴다. 과거에는 영화용 필름 릴도 셀룰로이드로 만들었다.

락(Shellac) 랙 깍지벌레(lac bug) 또는 랙 벌레(lac insect)가 생산한 노란색 수지. 보호 코팅제나 광택제로 사용한다. 과거에는 레코드판을 만드는 데 썼다.

애 주기(Life cycle) 이 책에서는 원료 추출부터 제조, 운송, 사용, 폐기까지 플라스틱 제품이 거치는 다양한 단계를 설명하기 위해 이 용어를 쓴다. 환경과 건강에 미치는 영향은 플라스틱 생애주기 전반에 걸쳐 나타난다. 하지만 단계마다 문제를 해결하려는 다양한 방법도 있다.

소(Hydrogen) 화학 기호 H로 표기하는 가장 가벼운 화학 원소

입과 수출(Imports and exports) 국경을 넘나드는 상품의 이동

티로폼(Styrofoam) 발포 ↘ **폴리스티렌**의 상표명. 포장재, 단열재 또는 안전모 같은 것에 사용하는 플라스틱

레기 매립지(Landfill) 쓰레기나 폐기물을 묻는 곳

동·청소년을 위한 주요그룹(Major Group for Children and Youth, MGCY) 어린이와 청소년의 관심사를 ↘ **유엔(UN)**에 전달하는 청년을 위한 플랫폼

크릴로니트릴 부타디엔 스티렌(Acrylonitrile butadiene styrene, ABS) 보통 ↘ **열가소성 중합체**라고 부른다. 레고 블록과 플레이모빌 피규어는 이 물질로 만들어진다.

료(Pigments) 색채가 있는 미세한 분말. 기름이나 물과 결합할 수 있다.

암염 돔(Salt dome) 지하에 소금이 쌓인 구조물. 소금이 채굴되면 동굴이 남아 있으며, 일부는 핵폐기물이나 그밖에 위험 폐기물의 지하 저장소로 쓴다.

양식(Aquaculture)

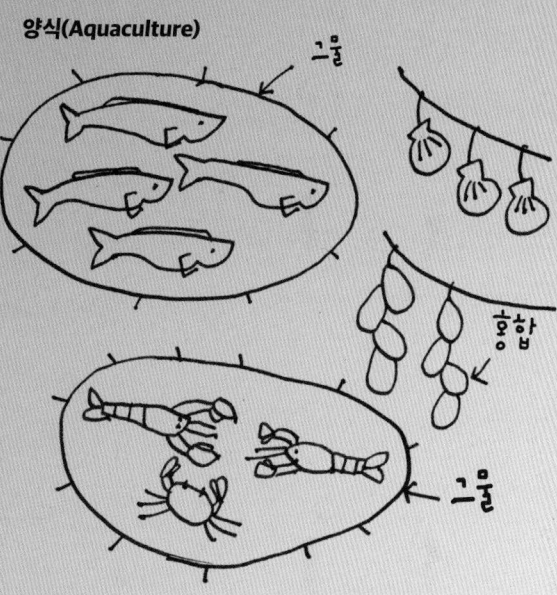

에탄(Ethane) 천연 가스의 중요한 구성 요소인 무색무취 기체. 난방용으로도 쓴다.

에틸렌(Ethylene) 달짝지근하고 불쾌한 냄새가 나는 무색 가스. 많은 종류 플라스틱의 구성 성분으로 플라스틱 산업에서 쓴다.

연쇄반응(Chain reaction)

열가소성 플라스틱(Thermoplastic) 열에 의해 여러 번 변형될 수 있는 플라스틱. 녹여서 재사용할 수 있다.

열경화성(Thermoset) 형태를 바꿀 수 없는 경질 플라스틱.

이 용어들의 뜻은 무엇일까?

오염물질(Pollutants) 인간, 동물 또는 식물에 유해한 물질

오존층(Ozone layer) 지구 대기에서 가장 많은 양의 오존 가스가 있는 곳. 오존은 예를 들어 피부에 일광화상을 입히는 유해한 자외선으로부터 보호해주는 역할을 한다. 일부 인공 가스는 오존층을 손상시키는데, 이를 오존홀이라고 한다.

온실가스(Greenhouse gas) 지구를 둘러싼 대기는 많은 다른 가스들로 이뤄져 있다. 그 가운데 일부를 온실가스라 부른다. 온실가스는 지구의 열복사를 흡수하고 땅으로 다시 방출한다. 이것이 지구가 너무 추워지는 것을 막아준다. 가장 잘 알려진 온실가스는 ↘ **이산화탄소**다.

올가미(Entanglement)

← 밧줄 또는 유사한 것

용매(Solvents) 다른 물질이 화학 반응 없이 용해되는 액체. 대다수 용매는 독성이 있다.

원자(Atom) 지구에 있는 모든 물질을 구성하는 가장 작은 구성 요소. 지금까지 우리는 ↘ **수소**와 ↘ **탄소**를 포함해 약 115개가 조금 넘는 수의 서로 다른 원자들을 확인했다. 원자들은 결합해 ↘ **분자**를 형성한다.

월경컵(Menstrual cup)

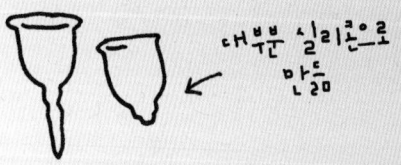
대부분 실리콘으로 만듦

유기물(Organic) 생물학적 기원을 갖는 물질. 예를 들어, 생물학적 폐기물은 유기물이다. 유기화합물은 ↘ **탄소**를 포함하는 화합물이다.

유엔(United Nations, UN) 1945년 세계 평화 기구로 설립됐으며 오늘날 국제 협력을 촉진하고 인권을 보호하며 국제 사회의 긴급한 문제를 해결하는 것을 목표로 하는 국제연합. 현재 유엔 회원국은 총 193개 나라다.

이산화탄소(Carbon dioxide) ↘ **이산화탄소 CO_2**

이산화탄소(CO_2) 우리가 호흡하는 공기 0.03퍼센트를 구성하는 기체. 생명체는 이산화탄소를 내뿜고, 식물은 이를 흡수하며, 빛 에너지가 당분으로 바꿔 결국 ↘ **셀룰로오스**를 만든다. 석탄, 석유 또는 가스를 연소할 때 많은 양의 이산화탄소가 배출되는데 이는 대기 속 **온실 가스**로 작용한다.

이산화탄소 환산량(CO_2 equivalent) 이산화탄소 외에 메탄 같은 다른 ↘ **온실가스**도 기후에 해를 입히지만 그 정도가 다르다. ↘ **메탄**은 ↘ **이산화탄소**보다 대기 속에 머무는 시간이 짧지만, 기후를 훨씬 더 가열한다. 이산화탄소를 ↘ **기준**으로 ↘ **기후**에 영향을 미치는 다양한 온실가스 배출량을 환산한 것이다. 저마다 효과 범위가 다른 여러 온실가스 배출량을 지구온난화지수를 기준으로 비교하기 위한 지표다.

이소프렌(Isoprene) ↘ **합성** 고무의 원료이며 타이어 생산 최초로 사용된 플라스틱 가운데 하나

이동(Migration) 플라스틱과 관련해 이 용어는 플라스틱 접시나 포장재에서 ↘ **입자** 또는 화학 물질이 음식이나 음료로 옮겨가는 것을 뜻한다.

용어 사전

인화지(Photographic paper) 감광층으로 코팅돼 사진을 인화할 때 쓰는 종이. 오늘날 대부분 프린터로 인쇄한다.

일회용(Disposable) ↘ **재사용** 개념과 반대되는 뜻. 일회용 포장재는 한 번만 사용하고 버린다.

임계값(Threshold value) 제품 내 ↘ **오염물질**의 양과 같이 지켜야 하는 지정된 값

자유 라디컬(Free radicals) 활동성이 매우 높은 상태의 ↘ **원자**, ↘ **분자** 또는 이온을 일컫는다. 고분자를 중합하는 과정에서 자유 라디컬을 이용해 단량체를 긴 사슬모양으로 결합시킨다.

잔류물(Residue) 제품을 폐기하거나 재활용할 때 남는 물질

재생원료(Recyclate) ↘ **재활용**된 플라스틱에서 생산돼 재사용할 수 있는 재료. 플라스틱을 분쇄한 알갱이 또는 녹여 만든 덩어리 형태로 만든다. 종종 생산 뒤 남은 ↘ **펠릿**과 같이 아직 사용되지 않은 플라스틱도 포함된다.

재활용(Recycling) 사용된 제품이나 폐기물을 다시 쓸모 있게 만드는 과정. 대부분 포장은 분리하기가 매우 힘든 여러 구성 요소로 이뤄져 있어 재활용이 어렵다. 플라스틱 재활용이 어려운 이유는, 원재료의 품질이 떨어지고 첨가제를 사용한 품질 개선이 필요하기 때문이다. 이는 종종 품질이 낮은 제품을 만들어낸다. ↘ **35**

재활용 코드(Recycling codes) 포장에 표시되어 있으며 1~7번은 플라스틱이다. 이 분류는 특정 물질을 재활용할 때 유용하다. ↘ **11**

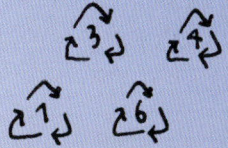

저밀도 폴리에틸렌(low-density polyethylene, LDPE) 부드러운 ↘ **폴리에틸렌**. ↘ **분자** 사슬이 분기를 많이 가지고 있으므로 '저밀도'이다. ↘ **고밀도 폴리에틸렌** 참조. ↘ **11**

제로 웨이스트(Zero Waste) 최대한 쓰레기를 줄이는 것을 목표로 하는 개념, 비전과 사회 운동. 불필요한 소비를 피하고, 쓰레기를 줄이고, 일회용 소비문화 대신 수리와 ↘ **재활용**을 실천한다.

주의력결핍 과잉행동장애(Attention deficit hyperactivity disorder, ADHD) 이 증상을 가진 사람들은 집중하는 데에 어려움을 겪는다. 유전 원인도 있지만, ↘ **비스페놀** A 같은 특정 화학물질을 포함한 환경의 영향을 받을 수 있다. ↘ **17**

주입정(Injection wells) 암반을 뚫어 깊은 토양층(셰일층)에 있는 천연가스를 프래킹(수압파쇄법) 방식으로 생산하기 위해 물과 화학물질을 고압으로 주입하는 장치다.

중합(Polymerization) 개별 분자가 서로 결합하여 긴 ↘ **분자** 사슬을 이루는 화학 반응

중합체(Polymer) 반복되는 많은 ↘ **분자**, 단량체(monomer)로 구성된 매우 긴 분자 사슬로 인공 중합체는 모든 유형의 플라스틱을 생산하는 기초가 된다.

증류(Distillation) 액체에서 특정 구성 요소를 추출하기 위한 화학 과정. 혼합물을 가열해 증발시킨 뒤 냉각하면, 구성 요소마다 서로 다른 시점에서 응축해 추출된다. 이 과정을 증류라고 한다.

지각변동(Tectonic shifts) 지구는 여러 겹 지층으로 이뤄져 있다. 중심은 맨틀에 둘러싸인 핵이 있고 그 위에 지각이 있다. 지각은 대륙판이라고도 하는 큰 지각판 7개로 이뤄져 있다. 이 지각판들은 1년에 몇 센티미터씩 움직이기도 하며, 나눠지거나 서로 마찰하고 충돌할 수 있다.

이 용어들의 뜻은 무엇일까?

지능지수(Intelligence quotient, IQ) 사람의 지능을 나타낸다. 아이큐 100은 평균 수준이며, 아이큐 130 넘으면 지능이 매우 높다고 말한다. 하지만 지능지수가 그 사람에 대한 많은 것을 알려주지는 않는다. 지능에는 다양한 유형이 있으며 모든 지능이 지능지수에 포함되는 것은 아니다.

지속성(Persistent) 자연 과정에서 잘 분해되지 않고 환경에 매우 오랫동안 남아 있는 일부 화합물의 특성.

천연 자원(Natural resources) 인간이 사용하며 자연 발생하는 원자재 또는 에너지원. 여기에는 유전, 금속, 모래, 물뿐만 아니라 경작지, 숲, 태양 또는 바람과 같은 것들도 포함된다.

첨가제(Additives) 예를 들어 플라스틱의 내구성을 높이고, 착색 또는 플라스틱의 가소성을 바꾸기 위해 플라스틱 생산 과정에서 첨가하는 물질. ↘ **13**

청원(Petition) 당국, 부처 또는 의회에 제출하는 서면 항의서. 개인 또는 단체가 제출할 수 있다.

카사바(Cassava) 남아메리카, 아프리카, 아시아의 열대 지방에서 자란다. 일부 나라에서 뿌리 덩이줄기를 주식으로 먹는다.

캠퍼스(Campus) 대학, 대학교, 혹은 학교의 부지

크리스탈(Crystalline) 결정 형태로, 결정체로 이루고 있는 것

클로로프렌(Chloroprene) 주로 네오프렌과 개스킷을 만드는 데 쓰는 강한 향취가 있는 무색 액체. 그 액체와 증기는 독성과 발암성이 있다.

탄성중합체(Elastomers) 예를 들어 ↘ **합성 고무**같이 상온에서 변형될 수 있는 플라스틱. ↘ **12**

탄소(Carbon) 원소 기호가 C인 화학 원소. 탄소가 없다면 지구에 생명체는 없었을 것이다. 탄소는 생명체를 구성하는 모든 큰 ↘ **분자**와 모든 식물에서 발견된다. 생명체가 죽으면 탄소는 미생물에 의해 분해된 뒤 ↘ **이산화탄소** 형태로 토양이나 물속에 남거나, 수백만 년 지난 뒤 석유, 석탄 또는 가스 형태로 남게 된다.

탄소 순환(Carbon cycle)

태평양 거대 쓰레기 지대(Great Pacific Garbage Patch) 가장 큰 해양 쓰레기 지대. 북태평양에 있고 독일의 4배 크기 규모. 플라스틱 쓰레기의 많은 부분이 해수면 아래로 가라앉기 때문에 그 실제 규모는 훨씬 더 크다. ↘ **43**

테프론(Teflon) 플라스틱 폴리테트라플루오로에틸렌 (polytetrafluoroethylene, PTFE)의 가장 널리 알려진 상표명. 1938년 처음 발견하고 10년 뒤 상업 생산을 시작했다. 냄비와 프라이팬에 눌어붙지 않게 하고, 화학물질로부터 보호하는 내열성 코팅제로 쓰인다. 의료 기술과 항공 우주 산업에서도 사용한다. (하지만 코팅제에 포함된 과불화옥탄산(PFOA)이 유해한 발암물질로 알려지면서 논란이 되고 있다. *편집자 주

펄론(Perlon) ↘ **폴리아미드**로 알려진 플라스틱 그룹에 속한 안정된 화학 합성섬유의 브랜드 이름. 여성용 스타킹과 팬티스타킹 소재로 유명해졌다.

…놀(Phenol) 다양한 플라스틱 생산에 쓰는 무색의 고체 화학 물질

…트(PET) 폴리에틸렌 테레프탈레이트(polyethylene terephthalate)의 약자, **폴리에스테르** 계열이며 대다수가 투명한 플라스틱. ↘ **일회용**과 ↘ **재사용** 가능한 병의 재료로 알려져 있다. ↘ **11**

…릿(Pellet) 작고 둥글거나 원통형 플라스틱 조각, 대량일 때 알갱이(granule)라고도 한다. 플라스틱 공장은 다양한 종류의 원료 플라스틱을 이 형태로 기업에 공급하고, 기업은 이를 녹여 제품을 찍어낸다. 펠릿은 상자에 들어가고 배에 실을 수 있어 편리하다. 하지만 작은 조각들은 쉽게 환경에 유출되며, 대부분 바다에 버려진다. ↘ **23**

…기물 처리장(Final disposal site) 수세기 또는 그 이상 독성 또는 위험성이 남아 있는 폐기물을 보관하는 장소

…름알데히드(Formaldehyde) 발암성이 있고 자극 있는 향취를 가진 가스. 예를 들어 가구 산업뿐만 아니라 일부 플라스틱을 위한 수지와 접착제를 생산하는 데 사용된다.

…리스티렌(Polystyrene) ↘ **스티로폼**으로 알려진 발포 형태로 가장 오래된 플라스틱 유형 가운데 하나.

…리아미드(Polyamide, PA) 내구성이 매우 강한 섬유에 사용되는 플라스틱 그룹. 폴리아미드는 육류나 치즈를 포장하는 데 사용되는 다양한 다층 필름에도 사용된다.

…리에스테르(Polyester) ↘ **페트**(PET)와 ↘ **폴리카보네이트** (polycarbonate)를 포함한 다양한 플라스틱의 총칭. 종종 직물로 가공되는 합성 섬유를 만드는 데 쓴다.

…리에틸렌(Polyethylene, PE) 가장 널리 사용되는 플라스틱. 폴리에틸렌은 생산 방식에 따라 연질(↘ **저밀도 폴리에틸렌**, LDPE) 또는 경질(↘ **고밀도 폴리에틸렌**, HDPE)이 될 수 있다. ↘ **11**

폴리카보네이트(Polycarbonate, PC) 화학적으로 안정되고 잘 마모되지 않는 플라스틱이며, ↘ **폴리에스테르** (polyester) 계열이다. 씨디, 디브이디(DVD)와 블루레이를 제조하는 데 쓴다. 또한 안경 같은 유리 대체품으로도 적합하다.

폴리프로필렌(Polypropylene, PP) 가장 널리 사용하는 플라스틱 가운데 하나. 폴리프로필렌은 최대 섭씨 100도까지 견딜 수 있으며 다양한 종류 포장에 쓴다. ↘ **11**

프래킹(Fracking) 수압파쇄법 또는 줄여서 프래킹(파쇄) 이라 한다. 지하 암석에서 가스나 석유를 추출하는 데 사용되는 기술 과정. 이를 위해 모래와 화학 물질이 혼합된 액체를 땅속 깊은 곳에 주입한다. 일부 화학물질은 독성이 매우 강하고 지하수로 유입될 수 있다. ↘ **59**

프로판(Propane) 자연 상태에서 나오며, 특히 석유를 시추할 때 별도로 발생하는 무색 기체, 석유를 가공할 때 부산물로 생산될 수도 있다. 프로판 가스는 때때로 가정에서 요리용으로 쓴다.

플라스틱 추방 운동(Break Free From Plastic) ↘ **일회용** 플라스틱 없는 미래와 플라스틱 위기 해결을 위한 세계 운동, 세계 11,000명 넘는 사람들과 조직이 연대하고 있다.

플리스(Fleece) 플라스틱 섬유로 짠 파일 원단(pile fabric)은 기능성 의류나 담요에 자주 쓴다.

하수 처리장(Sewage plant) 폐수를 처리하는 시설. 하수 오니(sewage sludge)에는 갖가지 영양소뿐 아니라 ↘ **미세플라스틱**과 같은 오염물질이 포함돼 있다. 하수 오니의 일부는 밭에 뿌려지는 비료로 사용하며, 다른 하수 오니는 소각되거나 매립지에 묻힌다. ↘ **51**

이 용어들의 뜻은 무엇일까? 용어 사전

합성(Synthetic) 고대 그리스어 'súnthesis'에서 비롯한 말로 조립, 구성이라는 뜻이다. 현재는 천연소재를 모방하지만 사실은 인공으로 만들어진 합성 물질을 뜻한다.

합성 고무(Synthetic rubber) 오늘날 사용하는 모든 고무의 절반 넘게 대부분 석유나 가스에서 ↘**중합**을 통해 인공으로 생산한다. 원래는 열대 고무나무 같은 특정 식물의 유백색 수액에서 원료를 추출했다. 이 식물성 원료로 만들어진 천연 고무는 인쇄용 잉크나 가소제에 사용한다.

해양 산업(Offshore industry) 풍력 발전기, 석유와 가스 생산 시설은 '육지(onshore)'가 아닌 바다에 있다. 해안에서 5킬로미터 안쪽에 있는 해양 시설은 '근해'로 불린다.

해양 플라스틱(Ocean plastic) 실제로는 바다에 버려진 플라스틱 쓰레기를 뜻하지만, 이 용어는 명확하게 정의되지 않는다. 일부 기업들은 자사 제품이 재활용 해양 플라스틱을 사용한다고 주장하고 싶어 한다. 이 기업들은 좋은 인상을 주려고 하지만, 단지 ↘**그린워싱**일 뿐이다. 대부분 플라스틱 쓰레기는 해변에서 수거된다. 바다에 버려진 플라스틱 대부분은 회수할 수 없다. ↘**55**

협동조합(Cooperative) 공동의 가치나 목표를 추구하면서 농장이나 사업을 함께 운영하려는 사람들이 스스로 만들어 함께 소유하는 협회 또는 사업 조직

홍콩(Hong Kong SAR) 홍콩 특별행정구는 중국 남서 쪽 반도와 여러 섬을 포함한다. 약 800만 명 사람들이 세계 10대 컨테이너 항구의 본거지인 홍콩에 거주한다.

활동가(Activists) 환경단체를 비롯해 다양한 시민사회단체에서 사회문제 해결을 위해 연구, 조사, 정책 제안, 시민참여와 같은 활동을 하는 사람들

흑연(Graphite) 작은 회색 ↘**탄소판**: 연필심으로 잘 알려져 있으며 광산에서 추출되거나 인공으로 생산한다.

이 책은 사실과 수치들로 이뤄져 있다. 플라스틱은 광범위하고 복잡한 주제다. 수많은 연구, 조사, 학술 연구와 보고서가 플라스틱을 다루고 있다. 하지만 항상 필요한 모든 수치를 찾을 수는 없었다. 플라스틱 문제는 아직 완전히 연구되지는 않았으며, 우리는 신뢰할 수 있는 출처만 사용했고 모든 누리집은 2021년 4월 마지막으로 검색했다.

서로 다른 출처의 수치가 때로는 모순될 때도 있다. 여러 이유로 이런 일이 일어날 수 있다. 모든 국가가 같은 방식으로 플라스틱에 관한 자료를 수집하는 것은 아니다. 연구 프로젝트마다 문제를 바라보는 방식도 다르다. 연구가 진행되는 국가의 특정 수치를 찾는 것이 더 쉽기 때문에 독일 수치만 사용하기로 결정했다. 독일에서는 플라스틱과 관련된 많은 연구 프로젝트가 진행되고 있고, 과학 근거가 있는 수치를 찾을 수 있다. 하인리히 뵐 재단 본사는 독일에 있으며 플라스틱 폐기물을 대량으로 배출하는 부유한 산업 국가로서 우리는 이 주제에 특별한 책임감을 가지고 있다. 이 수치는 항 다른 많은 국가를 설명하는 예시로 이해해야 한다.

출처에 대한 자세한 정보와 온라인에서 제공되는 문서 링크는 여기에서 확인할 수 있다: boell.de/unpacked 또는 **QR Code**.

우리는 어디에서 이 사실들을 가져왔을까? 출처

그린피스(Greenpeace): Fast Fashion, Fatal Fibres(2017) / 텍스타일 월드(Textile World): Man-Made Fibers Continue To Grow(2015.2) / Geyer, J. Jambeck, K. Law: Production, use, and fate of all plastics ever made. Science Advances(2017.7) 보충 자료 표 S5 / 2019년 자료: R. Geyer / 체인징 마켓 파운데이션: Fossil Fashion: The hidden reliance of fast fashion on fossil fuels(2021.2)

S. Kühn, J. van Franeker: Quantitative overview of marine debris ingested by marine megafauna. Marine Pollution Bulletin 151호(2020) / 유럽식품안전청(EFSA): Presence of microplastics and nanoplastics in food, with particular focus on seafood. EFSA Journal, 14권 6호(2016.6)

M. Eriksen 외: The plight of camels eating plastic waste. Journal of Arid Environments 제185호(2021) / A. Jones: Plastic waste forms large, deadly masses in camel guts. Science News(2020.12)

Annette Herzog und Kofo Adeleke

R. Geyer, J. Jambeck, K. Law: Production, use, and fate of all plastics ever made. Science Advances(2017.7) 보충 자료 / 2019년 자료: R. Geyer / E. Elhacham 외: Global human-made mass exceeds all living biomass. Nature 588호(2020.12) 442-444쪽

Dr. Jane Muncke(Food Packaging Forum)와 인터뷰

하인리히 뵐 재단(Heinrich-Böll-Stiftung Berlin): Plastic Atlas(2019), 11쪽 / R. Geyer, J. Jambeck, K. Law: Production, use, and fate of all plastics ever made. Science Advances(2017.7) 보충 자료 그림 S2 / 2019년 자료: R. Geyer / 플라스틱 유럽(Plastics Europe): Types of Plastics

유럽집행위원회(European Commission): Scientific and technical report for the development of criteria to identify and group polymers for registration/evaluation under REACH and their impact assessment / Dr. Jane Muncke(Food Packaging Forum)와 인터뷰

Dr. Jane Muncke(Food Packaging Forum)와 인터뷰

국제환경법센터(CIEL): Plastic & Health: The Hidden Costs of a Plastic Planet(2019) / D. Lockwood: Ocean plastics soak up pollutants, Chemical & Engineering News(2012.8)

플라스틱 수프 재단(Plastic Soup Foundation): Beat the microbead, Guide to Micro-plastics(2021)

16 하인리히 뵐 재단: Plastic Atlas(2019), 16-17쪽 / 건강환경연합(HEAL): 인포그래픽: Low Doses Matter(2019.3.13)

17 켐트러스트(CHEM Trust): From BPA to BPZ: a toxic soup?(2018.3)

18 P. Westerhoff 외: Antimony leaching from polyethylene terephthalate(PET) plastic used for bottled drinking water. Water Research 42권 3호(2008), 551-556쪽 / C. Tyree, D. Morrison: Invisibles-The plastic inside us. Orb Media(2017) / S. Mason 외: Synthetic polymer contamination in bottled water, State University of New York at Fredonia(2018), 15쪽

19 하인리히 뵐 재단: Plastic Atlas(2019), 18-19쪽 / 여성환경네트워크(Women's Environmental Network): Report: Seeing Red, Menstruation and the environment(2018), 3쪽 / 시티투시(City to Sea): Plastic-free periods

20 Annette Herzog und Shradha Shreejaya

21 하인리히 뵐 재단: Plastic Atlas(2019), 15쪽 / R. Geyer, J. Jambeck, K. Law: Production, use, and fate of all plastics ever made. Science Advances(2017.7), 보충 자료 그림 S1 / 2019년 자료: R. Geyer

22 오세아나(Oceana): Amazon's Plastic Problem Revealed(2020.12), 4쪽 / 이 분야 아마존에서 배포한 연구 자료

23 Dr. Jane Muncke(Food Packaging Forum)와 인터뷰 / 스태티스타(Statista): Production of polyethylene terephthalate bottles worldwide from 2004 to 2021(2021.1) / S. Scarr, M. Hernandez: Drowning in plastic, Reuters Graphics(2019.9)

24 플라스틱 유럽(Plastics Europe): Plastics-The Facts(2020), 17쪽 / 스태티스타(Statista): Distribution of the global population 2020, by continent

25 K. Law 외: The United States' contribution of plastic waste to land and ocean. Science Advances 6권 44호(2020.10) / S. Kaza 외: What a Waste 2.0: A Global Snapshot of Solid Waste Management to 2050, Washington DC: World Bank(2018), 7쪽, 그림 1.1 *2019년 아르헨티나는 중상위 소득 국가로 분류됨

26 하인리히 뵐 재단: Plastic Atlas(2019) 18-19쪽 / 유엔환경계획(UNEP): Neglected: Environmental Justice Impacts of Plastic Pollution(2021.3)

우리는 어디에서 이 사실들을 가져왔을까

27 Annette Herzog가 Blazhe Josifovski를 인터뷰

28 R. Geyer, J. Jambeck, K. Law: Production, use, and fate of all plastics ever made. Science Advances(2017.7), 보충 자료 / 2019년 자료: R. Geyer

29 유럽환경국(EEB): Factsheet on incineration and landfill(2017) / 가이아(GAIA): Plastic Pollution and Waste Incineration(2019) / 가이아: Waste Incineration: Pollution and Health Impacts(2019)

30 Trademap.org: List of importing markets for the product exported by Germany in 2019, Product: 3915 Waste, parings and scrap, of plastics(2021.3.25)

31 Trademap.org: List of supplying markets for the product im-ported by Malaysia in 2019, Product: 3915 Waste, parings and scrap, of plastics(2021.3.25)

32 플라스틱추방연대(Break Free From Plastic): Zero Waste Cities of Southeast Asia(2021.2.11)

33 독일환경지원(Deutsche Umwelthilfe): Press statement by Forum PET on the use of recyclate in single-use plastic bottles in Germany(2020.11) / 엘렌 맥아더 재단(Ellen McArthur Foundation): A New Textiles Economy: Redesigning Fashion's Future, Circular Fibres Initiative(2017)

34 제로웨이스트 유럽(Zero Waste Europe): Recycling of multilayer composite packaging: the beverage carton(2020.12) / 독일환경지원(Deutsche Umwelthilfe): Das Märchen vom umweltfreundlichen Getränkekarton, Mythenpapier(2014.11) / S. Lichtenegger: Aluminiumverbunde-Wieviel, Worin, Wohin? Eine Abschätzung des Aufkommens und Rückgewinnungspotenzials von Aluminium in Verbundverpackungen in Österreich. Diplomarbeit/Masterarbeit-Institut für Verfahrens- und Energietechnik(IVET), BOKU-Universität für Bodenkultur(2017.8)

37 I Land Sound Festival, Estland

39 Annette Herzog / Let's Do It Foundation

40 하인리히 뵐 재단: Plastic Atlas(2019) 10-11쪽 / D. Braun: Kleine Geschichte der Kunststoffe, Hanser, München(2017) / J. Falbe, M. Regitz(엮음): Römpp Lexikon Chemie, Georg Thieme Verlag, Stuttgart(1999)

41 하인리히 뵐 재단: Plastic Atlas(2019) 15쪽 / R. Geyer, J. Jambeck, K. Law: Production, use, and fate of all plastics ever made. Science Advances(2017.7), 보충 자료 표 S4

42 하인리히 뵐 재단: Plastic Atlas(2019) 29쪽 / 그리드 다렌달(GRID Arendal): How much plastic is estimated in the ocean and where may be(2018)

43 M. Eriksen 외: Plastic Pollution in the World's Oceans: More than 5 Trillion Plastic Pieces Weighing over 250,000 Tons Afloat at Sea. PLoS ONE 9권 12호(2014) / 하인리히 뵐 재단: Plastic Atlas(2019) 29쪽 / L. Lebreton 외: Evidence that the Great Pacific Garbage Patch is rapidly accumulating plastic. Sci Rep 8, 4666(2018.3) 그림 3

44 아르카디스(ARCADIS): Pilot project: 4 Seas- plastic recycling cycle and marine environment impact. Case study on the plastic cycle and its loopholes in the four European regional seas areas, European Commission(2012.1), 56쪽

45 S. Kühn 외: Polymer types ingested by northern fulmars (Fulmarus glacialis) and southern hemisphere relatives. Environmental Science and Pollution Research 28권(2021) / OSPAR Commission, OSPAR Assessment Portal: Plastic particles in fulmar stomachs in the North Sea(2021)

46 Annette Herzog, Chris Jordan의 다큐멘터리 <Albatross> 참조

49 J. Bertling 외: Kompendium zu Kunststoffen in der Umwelt, 1권(2021) / J. Bertling 외: Kunststoffe in der Umwelt: Mikro- und Makroplastik. Ursachen, Mengen, Umweltschicksale, Wirkungen, Lösungsansätze, Empfehlungen. Kurzfassung der Konsortialstudie Fraunhofer-Institut für Umwelt-, Sicherheits- und Energietechnik UMSICHT(2018.6), 10-11쪽 / 사이언스 러닝 랩(Science Learning Lab): How harmful are microplastics? link & Plastic Soup Foundation: Beat the microbead

50 독일연방환경청(Umweltbundesamt): Kunststoffe in Böden(2020.12) / F. Büks, M. Kaupenjohann: Global concentration of microplastic in soils, a review(2020) / J. Guo 외: Source, migration and toxicology of microplastics in soil, Environment International 137권(2020.4)

출처

1 독일연방환경청: Kunststoffe in Böden(2020.12) / J. Guo 외: Source, migration and toxicology of microplastics in soil, Environment International 137권(2020.4)

2 세계자연기금(WWF): No plastics in nature: Assessing plastic ingestion from nature to people(2019), 4쪽 / Reuters Graphic: A Plateful of Plastic(2019.12) / A. Ragusa 외: Plasticenta: First Evidence of microplastics in human placenta. Environment International 146권(2021.1) / J. Pauly 외: Inhaled cellulsosic and plastic fibers found in human lung tissue. Cancer Epidemiol Biomarkers Prev. 7권 5호(1998.5), 419-428쪽

3-54 하인리히 뵐 재단: Plastic Atlas(2019) 34-35쪽 / L. Zimmermann 외: Are bioplastics and plant-based materials safer than conventional plastics? In vitro toxicity and chemical composition. Environment International(2020) / M. Zhongnan 외: Biodegradable Plastics: Breaking Down the Facts, Greenpeace(2020.12) / Rethink Plastic: Why bioplastics won't solve plastic pollution(2018.7)

56 플라스틱추방연대: Branded - Demanding corporate responsibility for plastic pollution 3권(2020)

57 플라스틱추방연대: Brand Audit link Toolkit link 58 Polymer Properties Database. Crow's Top 10 Plastics and Resins Manufacturers, 2020

58 Polymer Properties Database. Crow's Top 10 Plastics and Resins Manufacturers, 2020

59 기후, 환경보호, 에너지 정책과 민주주의 발전에 관해 운동가이자 전략가인 엔디 게오르기우(Andy Gheorghiu)와 인터뷰 / Frack free rocks: 프레킹에 관한 설명

60 국제환경법센터(CIEL): Plastic & Climate: The Hidden Costs of a Plastic Planet(2019), 3쪽 / 독일 연방환경청: Entwicklung der Treibhausgasemissionen in Deutschland, 그림1 Entwicklung der Treibhausgasemissionen in Deutschland in der Abgrenzung der Sektoren des Klimaschutzgesetzes(2019)

62 리씽크 플라스틱(Rethink Plastic) / 유엔 책임투자원칙(PRI), 유엔환경계획(UNEP) 재정 이니셔티브, United Nations Global Compact: The Plastics Landscape: Regulations, Policies, and Influencer(2019) / Global Legislative Toolkit

63 국제환경법센터, Progress on Plastics Update 14권(2021.2)

68 Annette Herzog, Jane Patton / S. Lerner: The Plant Next Door, The Intercept(2019) / J. Lartey, O. Laughland: Cancer Town, The Guardian, Special report(2019) / 미국 환경보호청(EPA): National Air Toxics Assessment, 2011 NATA: Assessment Results(2015) / 미국 환경보호청(United States Environmental Protection Agency, EPA): Third Party Correspondence (RFR 17002A): Waiting to Die: Toxic Emissions and Disease Near the Louisiana Denka/DuPont Plant(2019.7) / 미국 환경보호청: National Air Toxics Assessment, 2014 NATA: Assessment Results(2018)

70 플라스틱 없는 캠퍼스(Plastic Free Campus) / 플라스틱추방연대(Break Free From Plastic): Plastic-free

누가 이 책을 만들었을까?

처음 펴낸 날 2024년 10월 15일
지음 **하인리히 뵐 재단**
기획 **(사)작은것이 아름답다**
옮김 **손어진 유진 윤혜진, 움벨트** 감수 **강신호**
펴낸이 **윤경은** 글틀지기 **김기돈 정은영** 글다듬지기 **최세희**
볼꼴지기 **인앤아웃** 박음터 **프린피아**
펴낸곳 **(사)작은것이 아름답다**
나라에서 내어준 이름띠 문화 라 09294
터이름 02879 서울시 성북구 성북로 19길 15 3층
소리통 02-744-9074~5 누리알림 jaga@greenkorea.org
누리방 www.jaga.or.kr
ISBN 979-11-987696-1-9 43330

이 책은 하인리히 뵐 재단 아시아 글로벌 다이얼로그 홍콩
(Heinrich Böll Stiftung Asia Global Dialogue, HK)의 일부 지원을
받아 제작했다.

프로젝트 책임 **정은영, 작은것이 아름답다**
통역 **손어진, 움벨트**

옮긴이 움벨트는 독일에서 지속가능한 미래를 고민하고 활동하는
모임이다. 유럽과 독일의 정치, 경제, 사회, 문화, 환경 분야 관련
자료 조사와 번역 활동을 한다. www.umweltkorea.com

고마운 분들 악셀 하르나이트 지버스(Axel Harneit-Sievers),
클레멘스 쿤츠(Clemens Kunze), 조안나 웡(Joanna Wong),
게지느 그로트리안(Gesine Grotrian)

원저작물 《PLASTIK, MÜLL & ICH -Pack aus!》 독일어판
하인리히 뵐 재단 (2021년 10월 1쇄)

콘셉트 개발, 디자인, 일러스트, 텍스트
게지느 그로트리안 www.gesinegrotrian.de
책임편집 **릴리 푸어** 하인리히 뵐 재단
공동편집 **알렉산드라 케이터보우** 헤이 서포트
크리스틴 푼케, 아네테 크라우스 하인리히 뵐 재단
린다 메데라케, 한네스 슈리트, 에콜로직 인스티튜트;
수잔 쉐드리히
텍스트 **아네트 헤르조그**
일러스트 보조 **우마 그로트리안 슈타인베그**
편집 보조 **우테 베그만**
감수 **알리스 보이트, 안야 샬민**
번역 **링고링스**
제작 **엘케 파울**

고마운 분들 티네 브레우어, 마리나 폰 뵈로우 함멜, 후게스
샬민, 크리스틴 켐니츠, 잉카 데비츠, 데트레프 에브레하르트,
아나 사즈키아 푼케, 로랑드 가이어, 안디 게오르기우, 폴라
그로트리안 슈타인베그, 블라즈 요시포브스키, 리우 클리만,
제인 문케, 니나 니콜라이슨, 제인 패톤, 안나 폰 레덴, 차크 폰
레덴, 안야 러임쉬셀, 리디아 잘저, 만프리드 산텐, 쉬라드하
쉬리자야

발행 정보

특별히 감사한 세계 청소년 자문 위원회 분들 **뷔란트
로크, 리리트 카테르보우, 말리나 푸어, 라베아 푸어,
울 아난다 푼케, 마렌 하게돈, 아리자 폰 헤란트, 아서
르너, 벤야민 로만, 플로렌티네 멘디, 로잘리 멘디, 하우케
페, 라우라 뢰미쉬, 요리크 스틥브, 레오니드 질레켄스,**
일; **파티야 아브레르라흐멘**, 튀니지; **미첸 첸**, 중국;
스민 하루다, 튀니지; **엠마 헤라지**, 튀니지; **피치야파
라**, 태국; **알렉산더 란디스 아놀드**, 미국; **제레미 무칠와**,
냐; **미켈레 무칠와**, 케냐; **베로니카 파도베드**, 캐나다;
포피스차야 사이분야디스, 태국; **엘라 스란**, 미국; **피시니
나브호드히손그리타**, 태국; **루씨 볼페**, 미국; **리 동**, 중국;
노 루, 중국

후 중립의 100퍼센트 재생종이와 식물성 기름 잉크로
쇄했다. 이 책은 플라스틱이 포함돼 있지 않다.

38 어떻게 물건을 생산해야 할까?

책은 크리에이티브 커먼스 라이선스 '저작자 표시-
터내셔널 4.0(CC BY 4.0)'을 따른다. 저작자 표시-저작자
는 라이선스 허가자가 지정한 방식으로 저작물을 표시해야
다. (단, 저작자 또는 저작물 사용을 보증하는 방식으로
시해서는 안 됨). 파생물 금지 -해당 자료의 내용을 리믹스,
형, 재가공 하여 수정한 자료를 배포할 수 없다.

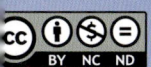

하인리히 뵐 재단(Heinrich-Böll-Stiftung)

세계 녹색당 운동에 함께하는 비영리단체. 독일 베를린
본사와 세계 32개 지부가 있다. 2020년 아시아 지부를
홍콩에 열었다. 아시아는 세계가 진보하는 데 중요한 곳으로
기술 혁신을 일으키고, 세계 경제와 환경 개발에 영향을
미치며, 협치 관련 쟁점들이 떠오르는 매우 역동성 있는
국가와 공동체들이 있는 지역이다. 홍콩 사무소는 아시아
지역에서 발전하는 전환의 흐름에 대해 유럽과 아시아 사이
참여를 촉진하는 '아시아 글로벌 대화 프로그램(AGDP)'을
주관한다. 아울러 다양한 분야 이해관계자, 전문가, 학자들을
공통 관심사로 모으며, 사실에 기반한 교류와 연결망을
촉진하기 위해 연구와 분석, 출판을 지원한다. 재단은 2024
년 서울에 동아시아 사무소를 개소했다. www.boell.de

작은것이 아름답다(Small Is Beautiful)

1996년 6월 우리나라 처음으로 생태환경문화잡지
<작은것이 아름답다>를 펴내며 녹색출판을 통해 자연과
더불어 사는 삶을 위한 생태환경문화운동을 펼치는
비영리단체. '종이는 숲이다'라는 생각으로 생태환경잡지를
재생종이로 펴내며 숲을 살리는 재생종이운동을 이끌고
있다. '해오름달', '잎새달' 같은 우리말 달이름 쓰기, 자연과
더불어 사는 일상을 위한 '작아의 날'을 제안하며 생태감성을
일깨우는 녹색문화운동을 펼치고 있다. 2019년부터 <
아틀라스> 시리즈 한국어판 출판 프로젝트를 진행하고 있다.
www.jaga.or.kr

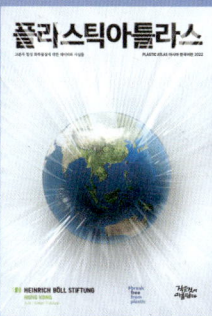

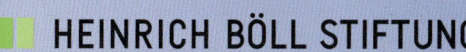